月《つき》10万《まん》円《えん》で
より豊《ゆた》かに暮《く》らす
ミニマリスト整《せい》理《り》術《じゅつ》

ミニマリスト
Minimalist
Takeru
たける

Minimalism:
How to Thrive on ¥100,000/Month

CROSSMEDIA PUBLISHING

ミニマリスト必須アイテム 10
10 Must-Have Minimalist Items

観葉植物

1/45

引っ越しを機に、緑を添えた。
思いのほか、心が落ち着いた。

2/45

ミニマリスト必須アイテム 10
10 Must-Have Minimalist Items

スタンディングデスク

そもそも家で仕事をするので、
デスク選びは効率重視。

ミニマリスト必須アイテム 10
10 Must-Have Minimalist Items

iPad Pro + α

3
45

機動力を考えると、
パソコンはもはや時代遅れに思えた。

4/45

ミニマリスト必須アイテム 10
10 Must-Have Minimalist Items

リュックサック

オシャレ度より、自由度をとって、
薄マチのリュックに。

ミニマリスト必須アイテム 10
10 Must-Have Minimalist Items

AirPods Pro

5
45

仕事をする時も、息抜きする時も、
コイツが大活躍。

6/45

ミニマリスト必須アイテム 10
10 Must-Have Minimalist Items

二役こなす モバイルバッテリー

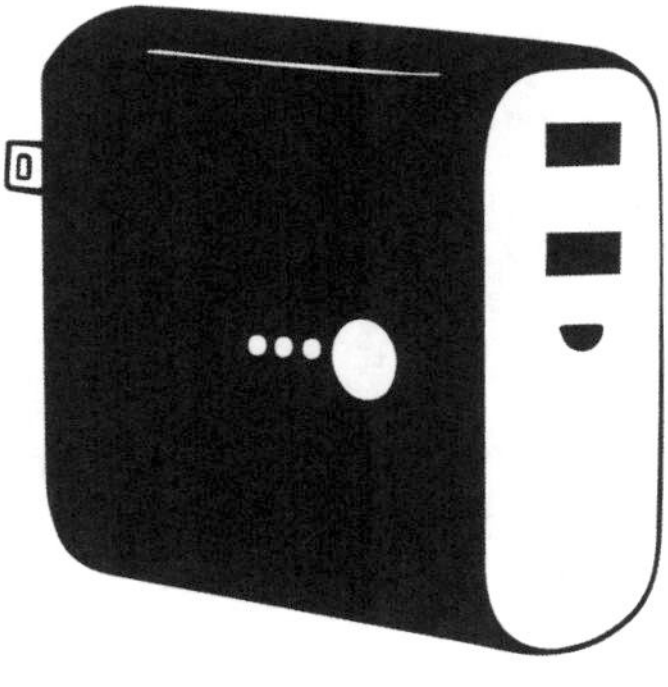

もう、電源難民になることはない。
彼がいれば。

ミニマリスト必須アイテム 10
10 Must-Have Minimalist Items

スリッポン

7
45

毎日使うモノ。

だから、シンプルに、素足に近いモノを。

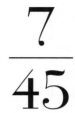

8/45

ミニマリスト必須アイテム 10
10 Must-Have Minimalist Items

最新のiPhone

仕事の生命線。

だから、スマホには投資をおしまない。

ミニマリスト必須アイテム 10
10 Must-Have Minimalist Items

洗濯乾燥機

9/45

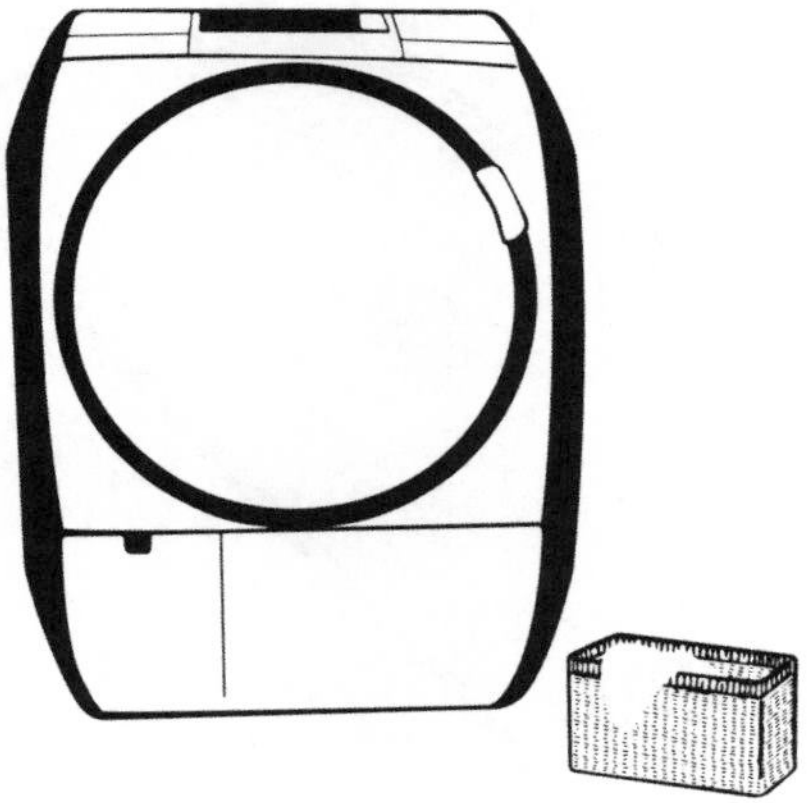

服はほとんど持たない。
だから僕の「相棒」ともいえる。

10
45

ミニマリスト必須アイテム 10
10 Must-Have Minimalist Items

巻き取り式充電ケーブル

陰の存在。

そういうモノにこそ、助けられているのだ。

プロローグ　もう、片づけ術はいらない

本書を手に取っていただきありがとうございます。

はじめまして。ミニマリストTakeru（タケル）です。現在は、YouTubeでの発信活動をメインとして、ミニマリストのライフスタイルやミニマリズムの魅力を発信しています。

僕がミニマリストを目指し始めたのは4年前の2016年。ジョシュア・ベッカー著の『より少ない生き方』を読んだことがキッカケでした。

ミニマリズムに魅了された僕はモノを減らし続け、今では夫婦二人暮らしでかなりスッキリしたお部屋に住んでいます。

きっとあなたがこの本を手に取ったのは、**少ないモノで、少ないお金で、より自由に、より豊かに暮らす方法**を探しているからだと思います。僕も2016年か

ら今に至るまでの4年間、その方法をずっと探してきました。

今でもその答えを探し続けており、日本全国のミニマリストを年100回以上取材し、おそらく僕が日本で一番ミニマリストのお部屋にお伺いしてきたのではないかと思います。

ただモノを減らすだけがミニマリズムではありません。自由と豊かさを求め、適切な量までモノを減らし、さらに**厳選されたモノの質を上げていく**。そんなメリハリのある暮らしが、多くの人を魅了するのだと思います。僕もその人間のひとりです。

なぜミニマリストはお部屋づくりや一つひとつのモノにこだわるのでしょうか。

僕は今までに何百人ものミニマリストにお会いし、見えてきた答えのひとつが**「悩み」と「ストレス」の解消**です。

あなたは今、何にストレスを感じていますか？　何に悩んでいるでしょうか。仕事の悩み、家事の悩み、お金の悩み、時間の悩み、人間関係の悩み、健康の悩み、将来の悩み、ではないですか？　これらの悩みは、誰もが共通して持っているものです。僕もよく悩みます。

しかし、モノを減らし、必要最小限のモノだけで暮らすことは、それらの悩み・ストレスを解消する手助けとなります。シンプルに、お金と時間のゆとりが生まれるからです。そして、仕事や生活の課題解決に素早く対応できるようになります。

つまり、**ミニマリスト整理術とは、ストレスを減らし自由と豊かさを得るための手段です。**だからミニマリストたちのお部屋は極端にスッキリしていて、こだわりのモノがあり、モノの配置や収納法、お金の使い方も独特です。

僕も間近で彼ら・彼女らのライフスタイルを見てきて、実践してきたこと、買ったアイテムも数多くあります。

僕は2年前の2018年、家賃3万5000円のアパートに住んでいました。間取りは2DKで45㎡の広さ。今の妻と二人暮らし。モノの量は、一般家庭より少しスッキリしているくらい。ちょうどミニマリストを目指し始めて2年経った頃です。

それでもまだ、自由で豊かな生活を送っていたとは言えませんでした。お金がないことへの不安、好きな仕事じゃない憤りがあったからです。

しかし突然、不動産会社から立ち退きを余儀なくされ、家賃を2万円上げて5万5000円のアパートに引っ越しました。間取りは1LDK。広さは35㎡で、二人暮らしにしてはかなり狭い部屋でした。

でも僕たち夫婦は引越しを機に持ち物を大量に減らし、こだわりのモノを少しずつ増やしていきました。たったそれだけで、**家事のストレスも減り、日常の生活から幸福感や充実感を実感できたのです。**

今では仕事の都合で東京に引越し、さらにスッキリしたミニマルなお部屋で暮らしています。ミニマリズムに終わりはありません。その時々の環境の変化で、常に変わっていくものです。

よりストレスを少なく、自由に、より豊かに暮らすために、必要なモノだけを選ぶ。その環境に相応しくないモノは容赦なく手放します。

あなたは今の暮らしで、自由と豊かさを感じていますか？　ストレスフルな生活を送っていませんか？　あなたが今、そのような生活を送っているのであれば、きっと本書が役に立つと思います。

僕たちミニマリストのようにお部屋づくりにこだわり、少ないモノで暮らし、機能的で質の良いアイテムを選び、モノを配置していけば、そもそも部屋を片づける必要すらなくなっていきますし、買い物や掃除などの家事も減っていきます。

僕は、片づけや整理整頓、収納、家事をすることはあまりオススメしていません。

意外に思われるかもしれませんが、それらに時間とお金を奪われるほど、無駄なことはないと思うからです。

人生というのは80年分の「時間」であり、有限なものです。貴重な命を、モノのために費やしていいはずがありません。人生には、もっと大事なことがあるはずです。

だからこそミニマリストは、片づけや整理整頓、家事や買い物の必要性をなくすためにモノを減らし、質の良いモノを持つのです。

そして結果的に、良いモノに囲まれて暮らすと、仕事や人間関係にも良い影響を与えます。モノに自然とサポートされることによって気分が上がり、心の状態が豊かになるからです。

実際、僕がここ数年で実体験しました。YouTubeチャンネルの登録者は今や7万人を超え（２０２０年９月時点）、１冊の本を出版し（今２冊目を執筆中）、さらにはラジオ番組に出演したり取材を受けたりする機会も多くなりました。**モノを減らし、片づけや家事を最小限に留め、仕事に集中できるような環境づくりにお金と時間をかけてきたからです。**

自分でも驚くほど、この数年間で人生が変わりました。仕事の幅も人脈も広がり、４年前の僕とは全くの別人です。

すべては、「暮らし」からスタートします。生活の基盤でもある「暮らし」が整わなければ、仕事も人間関係も、お金の課題も、１００％うまくいきません。

暮らしを変え、持ち物を変えれば、間違いなく人生が変わります。なぜなら、時間の使い方が変わり、節約になり、収入が上がり、自信が生まれ、暮らしそのものが楽しくなるからです。僕が今までこの４年間で大きく人生を変えてきたように、あなたにも同じ体験をしてほしいと思います。

本書では、僕が何百人ものミニマリストから学び、実践してきたことを1冊の本にまとめました。そして今回、多くのミニマリストが愛用するオススメのアイテムを、**45個（マイベスト10個＋ミニマリストたちが選んだ35個）**に厳選して紹介します。ぜひ、あなたのストレスを解消してくれるモノ、悩みを緩和する実践法があれば、今すぐにでもあなたの生活に取り入れてほしいと思います。

そうすれば、きっと多くのミニマリストと同じようにあなたも自由と豊かさを得られるはずです。

Takeru

月10万円でより豊かに暮らすミニマリスト整理術　目次

Contents

第2章 お部屋が喜ぶゴールデンルール

第3章 モノが喜ぶゴールデンルール

Contents

第4章 お金が喜ぶゴールデンルール

第5章 ミニマリストたちが選んだベストアイテム45

第 1 章

買って
良かったもの
ベスト10

Chapter 1

10 Must-Have Takeru's Items

01

Minimalism:
How to Thrive on
¥100,000/Month

観葉植物

2020年7月に愛知から東京に引っ越して、僕が人生で初めて買ったものがあります。それが観葉植物です。僕が観葉植物を置く理由は次の通りです。

緑は癒しになる（リラックス効果）

植物などの緑には、リラックス効果があります。喫茶店やショッピングモールなどにも必ずある観葉植物は、その空間を癒してくれます。

僕は昔、それこそ極端にモノを持たなかった時期があります。その時は「観葉植物なんて邪魔でしかない。買うだけお金の無駄だ」と感じていました。ですがある出来事がキッカケで、価値観がガラリと変わります。

２０１９年11月末、僕は「持たない暮らし実験」というものをYouTubeの企画で行いました。持ち物をいったんすべて手放し、必要なモノだけ１つずつ増やしていくというものです。僕はこの実験を３カ月間行い、約50個のモノだけで暮らすことができました。

ですが、その実験からわかったことは次の２つです。人間は、最低限生きるために必要なモノは実は少なく、約50～１００個のモノだけで生きられるということ。そしてもうひとつは、生活を楽しむためにもう50～１００個のモノが必要だということです。つまり、**ミニマリストとして生活していくモノの適正量は１００～２００個程度**ということです。

僕は何もない空間だからこそ、「安心」「癒し」「温もり」が欲しいと思いました。植物などの緑がお部屋にあると、それだけでお部屋の印象は変わります。

ミニマリズムは何も、モノが少なければいいわけではありません。重要なのは「心豊かに暮らせるか」です。スッキリ開放感のある空間でありながら、癒しや温もりがあることが、僕の中で「豊かな暮らし」になっています。

げん担ぎ（風水効果）

次に、僕が観葉植物を取り入れた理由があります。それは「げん担ぎ」をしたかったからです。観葉植物にはそれぞれ、「花言葉」や「風水効果」があります。僕が今お部屋に置いている観葉植物の、それぞれの花言葉や風水効果を簡単にご紹介していきます。

ベンジャミンバロック

くるくるとカールした可愛い見た目から、女性ミニマリストに人気のベンジャミンバロック。「友情」「家族の絆」「信頼」といった花言葉を持っています。人間関係を円滑に保ちたい方にはとくにオススメです。

ベンジャミンバロックの特徴は丸い葉っぱです。丸い葉をした観葉植物には、「気持ちを落ち着かせる」「人間関係をスムーズにする」といった風水効果があるようです。

確かにベンジャミンバロックを見ていると、気持ちが安らぎ、周りの人間への思いやりと優しさを引き出してくれそうです。

置く場所のオススメとしては、家族の絆を深めるリビングや寝室、仕事を円滑に進める上で重要なのが人間関係ですので、仕事スペースに置くと仕事運もアップしそうですね。

ガジュマル

ガジュマルは別名、「多幸の木」「幸せを呼ぶ木」とも呼ばれていて、縁起のいい植物です。アスファルトやコンクリート、岩などを突き破って大きくなることもあるそうで、その力強さ、生命力から「健康」という花言葉を持っています。

僕はこの力強い生命力のあるガジュマルに惚れてしまいました。健康は最大の資産であり、健康でなければ幸せな状態とは言えないでしょう。健康であれば、仕事も人間関係も、お金も、子宝も、すべてにいい影響を与えることから「多幸の木」「幸せを呼ぶ木」と呼ばれているのかもしれませんね。

またガジュマルも、丸くて可愛い葉っぱが下向きに生えるので、気分を落ち着かせたり、リラックスさせたりといった風水効果が期待できます。

置く場所のオススメは、気持ちを落ち着かせて快適な睡眠を促したいなら寝室に。キッチンは火と水があり気が乱れやすい場所ですので、その乱れを調和したいならキッチンに。さらに北の方向に玄関があれば、玄関もオススメです。家に帰ってきた時のリラックス効果と、悪い気を中和する効果もあるようです。

フィカス・ウンベラータ

フィカス・ウンベラータ（以下、ウンベラータ）の特徴は、なんといってもハート型の大きな葉っぱです。ウンベラータの葉は丸みをおびており、先端は鋭く尖っています。

大きなハート型の葉は、風水的に「愛」を意味し、「永久の幸せ」「夫婦愛」の花言葉をもっています。また、丸い葉は「調和」を意味するので、周囲の人と調和し、リラックス効果をさらにアップさせます。そして、細く尖った葉の先端には「鋭い気」があり、邪気を払ったり、魔除けの効果もあるようです。

また、ウンベラータはすくすく育つ丈夫な観葉植物ですので、生命力が強いことから健康運も高めてくれます。

オススメの置き場所は、家族が集まるリビングか、たくさんの人が集まる居間などです。邪気を払う鋭敏な気運は、鋭い直感力で金運や仕事運アップにつながるので、書斎や作業スペース、勉強部屋に置くのもオススメです。

ストレリチア

ストレリチアは、鳥が飛んでいるような姿の花を咲かせる植物です。南アフリカ原産で、春と秋にトロピカルカラーの綺麗な花を咲かせます。長い茎の先に花を咲かせる姿が、美しい鳥に見えるようです（我が家ではまだ咲いていませんが、南国の部屋になるのが楽しみです）。

その美しさからくる花言葉は、「輝かしい未来」です。ストレリチアの鮮やかな姿から連想されたもので、明るく希望に満ちたイメージを感じさせますね。

さらに、「寛容」という言葉も、ストレリチアの花言葉のひとつ。開放的な雰囲気でリゾート地としても人気の高い南国から、「寛容」という言葉を連想したのかもしれません。また、真っ直ぐ上向きに成長するその姿も魅力的です。

02

Minimalism:
How to Thrive on
¥100,000/Month

スタンディングデスク

東京の新居に引っ越してから、スタンディングデスクで作業することが増えました。近年、新型コロナの影響でテレワークをするサラリーマンが増え、作業スペースを見直した方々もいらっしゃるかと思います。

なぜ僕がスタンディングデスクを取り入れたのか、その理由は以下の通りです。

眠気防止

当たり前ですが、人間は立ちながら眠ることはできません。逆に、椅子に座りながら勉強や仕事をしていると睡魔が襲ってくる経験は誰にでもあるはずです。

僕が気をつけているのは、「接地面積」です。床でゴロゴロ寝転んだり、椅子に座って作業したりなど、床や椅子、テーブルとの接地面積が多くなるほど、睡魔が襲ってきやすくなります。

ですので、眠気が襲ってきた時はスタンディングデスクに向かい、作業するようにしています。

集中力を高める

ずっと座りながら作業をしていると首や肩、腰などが疲れてきて、背伸びをしたり立ち上がって軽くストレッチした経験はありませんか？　原因のひとつは、疲労感による集中力低下です。

スタンディングデスクのいい所は、背筋をピンと伸ばして姿勢良く作業できるので、疲労が溜まりにくく、血流を良くします。

もちろん、長時間立ちっぱなしでの作業は大変ですが、集中力が低下してダラダラ過ごしがちな方は、スタンディングデスクでの作業をオススメします。

僕はよく短時間で集中したい時に、スタンディングデスクで作業するようにしています。

アイデアが浮かびやすい

ワシントン大学をはじめとする専門機関の調査結果によると、座った状態でのミーティングよりも立った状態の方が、脳の興奮状態が維持され、クリエイティブで生産的な意見交換ができる確率が高いことが示されています。

ダラダラ作業の防止

職場に来てはいるものの、進めるべき仕事になかなか着手できず、ダラダラと過ごしたことはありませんか？　昔の僕もそうで、仕事モードのスイッチが入るのに時間がかかっていました。

ですが今の僕は、朝一の作業をダラダラせず短時間でこなしたいことが多いので、スタンディングデスクを利用して、パッと行動に移すようにしています。座って作業する時と比べて、集中するまでにかかる時間も短くなりました。

運動不足解消

毎日長時間のデスクワークをしている人の悩みは運動不足だと思います。座っている姿勢だと脚の筋肉がほとんど使われないので、下半身の筋力が低下します。スタンディングデスクであれば、座り続けている状態より脚の筋力低下はしにくくなります。

やはり下半身の筋力低下は将来、足首や膝、股関節、腰回りを痛める可能性もあるので、座りっぱなしの作業には気をつけるようになりました。

ここまでは、スタンディングデスクで作業するメリットを述べてきましたが、やはりデメリットもあります。それは**長時間の作業には不向き**、ということです。もちろん、60分以内の作業であれば格段に作業効率は上がるのですが、僕の感覚では、作業が60分を超えると脚の疲れが出てきたり、集中力が低下したりします。

つまり結論としては、「座りっぱなし」も「立ちっぱなし」も良くないということです。ですので僕は立ち作業に疲れてきたら座って作業し、また集中力が低下してきたら立ち作業に戻るというサイクルを繰り返すことで、運動不足の予防と集中力を維持できるようにしています。

MINIMALISM

02

短時間で集中したい仕事は立ちながら行う

03

Minimalism:
How to Thrive on
¥100,000/Month

iPad Pro＋α

次にご紹介するアイテムは、僕の仕事道具として大活躍している「iPad Pro」「アップルペンシル」「マジックキーボード」です。

実は車上荒らしでMacBookを失って以来、僕はずっとスマホ1台で仕事をこなしてきました。メールのやりとりやスケジュール管理、動画撮影・編集、経費管理もすべてです。とくに苦労やストレスはありませんでしたが、僕がiPad Proを買ったのには明確な理由がありました。

それは、ノートとペンの電子化です。僕は毎日、四六時中ノートを取っているくらいのメモ魔ですが、ノートとペンには強いこだわりをもっていました。ですが、僕の頭を悩ませていたのは、それらを買いに行く手間と、お金がもったいないと思う気持ちでした。

ノートやペンは消耗品で、なくなれば買いに行かなければいけません。もちろん今ではアマゾンなどでも買うことはできますが、それでも多少の手間があります。そして、たとえ数百円のペンの替え芯やノートでも、年間で考えると数万円、一生涯で数十万円にもなります。どう考えても、もったいないですよね。

もしこれらを電子化できれば、ノートやペンのストックで悩むことも、買いに行く手間も、お金の心配をすることもなくなります。一度買ってしまえば、壊れるまでずっと使えるのです。

僕がMacBookを新たに買い直さなかったのは、これが理由です。iPad Proには、アップルペンシルを使ってまるで本物のノートに書いているかのようにメモができます。さらに、マジックキーボードを追加で買ったことで、パソコンのようにタイピングで文字入力することができるのです。ノート機能もあり、タイピングもでき、さらには超広角のカメラまでついている。僕にとって、買わない理由はありませんでした。

ミニマリストは、いかに無駄を減らせるかを考えています。多機能なモノをひとつ買えば、多くのモノを必要としません。まさにiPad Proもそのひとつです。

僕が最もiPad Proの機能で気に入っているのは、やはりノート機能です。僕は**「Good Notes」**（有料）というメモアプリを使って、To Doリストを作成したり、メモを取ったりしています。

このアプリがとても優秀で、いろいろな種類のノートのデザインがあり、罫線がない無地のノートやマス目のあるノート、スケジュール表やタスクノート、楽譜まであります。さらには、インクの色や太さも数多くあり、蛍光ペン、消しゴムの機能まであります。いろいろな機能が使えてとても便利です。

つまり僕が何を言いたいのかというと、もう文房具を持たなくていい時代になっているということです。車上荒らしに遭うまで、文房具はノート1冊と青色のボールペン1本だけでした。それだけでもかなり少ないと思いますが、もう、ノートもペンも持っていません。

最後に僕がお伝えしたいことは、**仕事道具にはお金をかけた方がいい**ということです。実体験として、仕事道具にお金をかけるほど収入が増えていきました。仕事へのモチベーションが高まり、効率や生産性が上がるからです。

今や、スマホ1台あれば仕事ができる時代です。さらには今後、あらゆるものが電子化されていくでしょう。モノを持たなくてもいい時代は、ますます加速していきます。そんな変化の激しい時代を生き抜くためにも、**とくに仕事道具だけは最新のテクノロジーを取り入れることをオススメします**。

仕事への情熱とスピードは、一番の武器だからです。もちろん仕事の質も大事ですが、量をこなせば自然とあとから質はついてきます。まずは量をこなし、経験値を積んでいくことが先決です。誰よりも早く、スピードある仕事をこなしていくためにも、僕は仕事道具への投資は惜しみません。

MINIMALISM

03

仕事道具に投資しよう

04

Minimalism:
How to Thrive on
¥100,000/Month

リュックサック

僕がリュックサックを愛用するようになったのは、ミニマリストになってからです。昔はトートバッグやポーチ、ショルダーバッグ、キャリーケースなどを使っていました。

ですが今では、リュックサックひとつしか持っていません。他のモノはすべて手放しました。僕がリュックサックを選んだ理由は、最も身軽になると考えたからです。

トートバッグやショルダーバッグ、キャリーケースなどは、片手がふさがります。さらに雨の日だと傘をささなければならず、両手がふさがってしまいます。僕はこの状態になるのが嫌でした。移動も大変ですし、体への負担も大きく、荷物の出し入れがとても煩わしいと感じていたからです。

しかし、リュックサックであれば手ぶらの状態になり、両肩で荷物の重さが分散されるので体への負担も軽減されます。そして、傘をさしても片手が空くので荷物の出し入れもスムーズになるのです。

さらに、僕はリュックサックひとつだけで、仕事にも2泊3日の旅行にも出かけます。仕事兼プライベート用で使えるので、他の鞄が不要になりました。

僕が今使っているリュックサックはCAIのビジネスリュックで、軽量(約0・94kg)かつ薄マチ(約7・5cm)のものです。必要最低限の持ち物だけに厳選すれば、仕事だけではなく、旅行にも行けてしまうのです。

僕が普段旅行に持ち歩くモノは、スマホやクレジットカード、家の鍵、Air Pods Pro、衣類、圧縮袋、iPad Pro、充電ケーブル、モバイルバッテリーくらいです。他は、宿泊ホテルにあるモノでなんとかなります。

僕はこの軽量薄マチのリュックサックを持ち歩くようになって、多くのメリットを感じました。

まずは持ち物が厳選され、荷物が軽くなり疲れにくくなります。昔の僕は、大きな鞄を持ち歩いていたことがあるのですが、当時2泊3日で福岡旅行に出かけた時の重さはなんと7・5kg。撮影機材や衣類を多く持ち歩いていたことが原因です。1日歩き回るだけでもヘトヘトになり、今考えると旅行を楽しめていなかったと思います。

今では持ち物が厳選され、重さは約2～3kg。かなり身軽に出かけられるので疲れることがありません。ですので移動距離も増え、出かけるたびに新たな発見があったり、楽しみを以前より見つけることができています。

やはり、鞄はできるだけ最低限の大きさにした方がいいでしょう。人間は、スペースがあるとモノを入れたくなってしまうのです。ですので、あえて小さな鞄にすることで、持ち物を厳選せざるを得ません。持ち物が厳選されれば、荷造りも数分で終わりますし、探し物や失くし物もなくなります。逆に、持ち物が多ければ多いほど、それだけ時間が奪われ、旅行の楽しみも奪われてしまうのです。

あなたがもし旅行をするとしたら、何を持っていきますか？　50kgもの重い荷物を持っていけば、当然旅なんてできないでしょう。たとえ便利なモノが入っていても、家から出ることさえできません。
ですが、持ち物を厳選し、本当に使うモノだけにしたらどうでしょうか。あなたは世界各地を飛び回ることができ、多くの絶景、多くの経験を手にすることができます。つまり、身軽さこそ、自由で豊かな人生を送る上で必須です。

MINIMALISM

04

リュックがあれば、どこへでも行ける

05

Minimalism:
How to Thrive on
¥100,000/Month

AirPods Pro

僕は今までに何個ものイヤホンを買ってきましたが、ダントツでAirPods Proを買って良かったと思っています。

なんといってもその特徴が、ノイズキャンセリング機能です。外の雑音をなくし、イヤホンから流れるＢＧＭや音声が聞こえやすくなるのです。

僕は仕事柄、電車や新幹線、飛行機などの移動時間が多いのですが、通常のイヤホンでは、うるさい場所での仕事は全く集中できませんでした。

ですが、AirPods Proを買ってから、どんなに外がうるさくても雑音を消してくれるのでＢＧＭを流して仕事に集中できたり、動画編集も全く問題なくできました。

さらにもうひとつ買って良かった理由は、コードレスであることです。僕は今まで有線のイヤホンを使っていたのですが、結ぶ手間やからまったコードを解く作業にとてもストレスを感じていました。
コードレスのイヤホンを使うことでそれらのストレスもなくなり、作業中にコードが気になって集中できない、ということもなくなりました。間違いなく仕事の効率・生産性を上げてくれたアイテムのひとつです。

MINIMALISM

05

ノイキャン・コードレスで、ストレスフリー

06

Minimalism:
How to Thrive on
¥100,000/Month

二役こなすモバイルバッテリー

現代では、街中を歩いても、電車に乗ってもほぼ全員がスマホを見ていると言っても過言ではない時代になりました。そんな中で、多くの人が気になるのが「充電」だと思います。

僕も、仕事柄スマホで撮影をしたり、全国を旅しながら地図を調べたりニュースを見たりするので、一般の方よりスマホの充電の減り具合は早いと思います。

そこで僕がオススメしたいのが、Ankerの充電器にもなるモバイルバッテリーです。特徴は、コンセントに挿して充電もできるし、コンセントのない場所ではモバイルバッテリーにもなる、１台で二役こなす優れものです。さらに僕が使っているモバイルバッテリーは、急速充電もできるので非常に助かっています。

MINIMALISM

06

仕事の源を見直す

そして現代では、充電すべきモノをたくさん持ち歩いている方もいると思います。スマホやワイヤレスイヤホン、パソコン、iPadなど、それに付随して充電ケーブルを何本も持ち歩いたりしていませんか？

でも、今回紹介したモバイルバッテリーと後ほど紹介する巻き取り式の充電ケーブルを駆使すれば、間違いなく持ち物が減り、鞄の中もスッキリするはずです。

僕はこのモバイルバッテリーを購入したことで、電子機器がバッテリー切れで使えなくなる心配がなくなりました。

07

Minimalism:
How to Thrive on
¥100,000/Month

スリッポン

靴にもこだわりがあります。つい数年前は、紐のついているいわゆる普通の靴を履いていましたが、ずっと紐に対するストレスを抱えていました。

紐が解けて結び直す手間だったり、紐が汚れて洗う手間だったり、あなたもストレスを感じたことはありませんか？　僕は正直、紐がない方がストレスは減るはずだと思い、ずっとスリッポンを愛用しています。

当然、あなたにもスリッポンをオススメしたいです。購入時にサイズさえ間違えなければ、紐がなくても問題ありません。

そしてもうひとつ、靴のこだわりがあります。それは、青色であるということです。これは個人の好みの問題ですが、僕はよく青色のアイテムを選ぶようにしています。

理由は、青色が与える心理効果として集中力を高めてくれたり、リラックス効果を高めてくれるからです。また、青色のモノを身につけることで、誠実さや爽やかさを相手に印象づけるとも言われているからです。

MINIMALISM

07

普段使いだから、楽なものを

08

Minimalism:
How to Thrive on
¥100,000/Month

最新のiPhone

人生で最も買って良かったモノのひとつがスマホです。スマホとの出会いが僕の人生を大きく変え、今では最高のパートナーになっています。

僕がYouTubeを始めたのが２０１７年12月で、それ以来ずっとスマホ１台で撮影・編集をしてきました。登録者が７万人を超えた今でも、スマホ１台で撮影・編集をしています。

スマホには無限の可能性があります。例えば、今僕は最新のiPhone 11 Proを使っているのですが、画角や画質も良く、驚くほど機能性に優れています。

妻も２０２０年４月にiPhone 11を買い、一眼レフやiPodを手放しました。理由は単純に、スマホでも十分綺麗な写真や動画が撮れるのと、わざわざ大きくて重い機材を持ち歩きたくないからでした。iPodも、今やスマホでも高音質の音楽を聴くことができます。

これからは科学技術の進展により、持ち物もどんどんミニマルになっていきます。僕自身、スマホが1台あれば時計もカレンダーも、手帳も電卓も必要なくなりました。すべてスマホで管理できる時代です。

だから僕は、大袈裟ではなくスマホ1台で人生が変わると本気で思っています。スマホはこれから驚くべきスピードで進化していくからです。僕自身、ミニマリストになって物欲はなくなりましたが、スマホだけは最新のモノを買いたいと思っています。理由はシンプルに、最新の技術を使いこなせる人間が、先の未来を予測し行動できると確信しているからです。

では今、僕がどんなふうにスマホを使っているのかを簡単に紹介していきます。

トップ画面もシンプルに

僕はある時、スマホ画面を開いた時に、トップ画面のアプリのゴチャゴチャ具合に嫌気がさしたことがあります。カラフルなアプリが何十個とあり、数カ月使っていないアプリも散らばっている。

そこで僕は、スマホ内も整理整頓することにしました。トップ画面の画紙を真っ白にし、必要ないアプリは全部消して直近1カ月で使ってきたアプリのみ残しました。

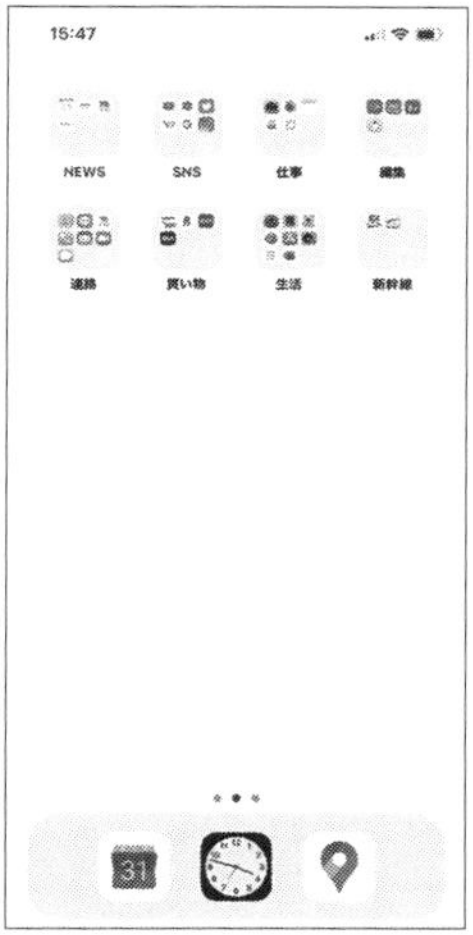

次に、お部屋づくりと同じで、残ったアプリを収納していきます。カテゴリーごとにアプリを仕分けていきました。

これをすることでスマホ画面がスッキリした上、思考もクリアになりました。

また、アプリがカテゴリーごとに分けられているので、作業効率も上がったと思います。

オススメのアプリ

僕が今使っているオススメのアプリも皆さんにご紹介していきます。

Googleカレンダー

プライベートも仕事も、すべてGoogleカレンダーで管理しています。わざわざ手帳を持ち運ばなくても、スマホ上で管理できればとても身軽ですよね。スケジュールの30分前になると通知でお知らせをしてくれたりもするので、とても便利です。

Googleマップ

僕はよく日本全国飛び回っているので、知らない土地に行くことがよくあります。そんな時に役立つのがGoogleマップです。僕は普段、Googleカレンダーに仕事先や旅行先の住所をあらかじめ入力しておき、その住所をタップすれば自動的にGoogleマップが起動して道案内してくれるのです。海外旅行の時も、とても重宝しました。

交通系アプリ（スマートEX、Suicaなど）

今や新幹線や地下鉄なども、チケットレスで移動できる時代になりました。新幹線であれば、事前にアプリ内で予約しておけば、改札口でピッとスマホでタッチすれば簡単に決済してくれます。わざわざ現金を取り出して切符を買う手間すらなくなるのです。

家計簿アプリ（Zaim、マネーフォワード、Kaikeiなど）

お金の管理も今やスマホひとつでできてしまいます。「Zaim」や「マネーフォワード」も人気の家計簿アプリで、僕もよく使っていました。今の時代、ノートなどの紙媒体で家計管理するのはナンセンスです。単純に面倒くさいですし、記入する手間もノートを買うお金も失います。

アプリであれば、商品購入と同時にアプリを開いて内訳と金額を入力すれば、一瞬で家計簿入力が終了です。その手間すら惜しい方であれば、クレジットカードと連携すれば自動的に家計簿をつけてくれる機能、そしてレシートをカメラで撮影すれば自動的にその画像を読み取って家計簿をつけてくれる機能もあったりします。

また、僕は個人事業主ですので、経費をつけなければなりません。そんな時に役立つのが「Kaikei」という経費アプリです。今や経費も、アプリで入力できる時代になったのです。

動画・画像編集アプリ（VLLO、Phonto、YT Studioなど）

僕がYouTubeで使っているアプリが「VLLO」という動画編集アプリと、「Phonto」という画像編集アプリです。この2つさえあれば、いつどこでもお仕事ができるわけです。

また、「YT Studio」というYouTube分析アプリを使って、自分のチャンネルのデータ分析もできてしまいます。

ちなみに動画・写真撮影は、スマホの超広角カメラやインカメで撮影しています。

ということで、いかがだったでしょうか。今や生活の9割が、スマホ1台で済んでしまうと言っても過言ではありません。

小さくてポケットサイズですから、行動量も作業スピードも格段に上がるでしょう。好きな時間に、好きな場所で、やりたいことができる。

さらに僕は、スマホ1台でYouTubeを3年間続けてきましたが、今では年間

1000万円を超える収益を上げることができています。
もうスマホ1台あれば、なんでもできてしまう時代です。誰でも、いつでも、どこでも、そのチャンスを掴めるのです。あとはその道具を有効に使えば、誰でも人生を変えられます。

MINIMALISM

08

スマホ画面もミニマリズムを

09

Minimalism:
How to Thrive on
¥100,000/Month

洗濯乾燥機

ここでは、ミニマリストの洗濯事情について紹介します。僕は大の家事嫌いで、できるだけしたくないと思っています。洗濯もそのひとつです。今では洗濯を干すことも、畳むこともしていません。

その秘密は、ドラム式洗濯乾燥機を使っているからです。洗濯から乾燥まで、自動で行ってくれるので、多くのミニマリストや経営者が活用しています。

そのメリットは、なんといっても洗濯ものを干さなくていいことです。我が家では毎晩洗濯機を回すのですが、いつも電源をオンにしてから就寝します。

昔はいわゆる普通の洗濯機を使っていて、洗濯が終わるまで待たなければならず、終わった後も洗濯ものを干さなければなりません。夫婦でウトウトしながら毎晩洗濯ものを干していました。

ですが今では、朝起きると乾いた状態で洗濯が完成しているので、とても楽チンです。洗濯の待ち時間や干す手間・時間のことを考えると、それらが自動化できたことに僕は大満足です。

ドラム式洗濯乾燥機は通常の洗濯機よりやや高めですが、その価値は十分にあると思います。なぜなら、洗濯が終わるのを待つ、干す・乾かす手間や時間が一切なくなるからです。

また、洗濯乾燥機を買ったことで、梅雨の時期や雨の日など、天候に左右されずに洗濯できるようにもなりましたし、生乾きの嫌な臭いにも悩むことはなくなりました。

また、ミニマリスト的に良かったことは、不要になったモノを減らせたことです。例えば僕たち夫婦は、物干し竿や洗濯バサミ、タオルや衣類などを、洗濯乾燥機を買ったことで手放しました。

物干し竿や洗濯バサミは洗濯を干す必要がなくなったので手放し、衣類やタオルも、洗濯が数時間で終わってしまうのでそこまで枚数を持たなくてもよくなったのです。ですので収納スペースにも困らず、空間を広く使えるようになったのは、ミニマリストの僕としては大変嬉しいことです。

最後にミニマリストの洗濯事情としてあなたにお伝えしたいことは、「洗濯物を畳む作業」も無駄だということです。僕はかれこれ数年前から洗濯物は畳んでいません。

その秘密は、トップスもボトムスもハンガーを使ってクローゼットに収納しているからです。ボトムスに関しては、無印良品のボトムスハンガーを使って吊るしています。また、下着に関してはもともと枚数が少ないので、無印良品の「吊るせる収納」にクルクルと丸めて収納するようにしています。

ということで、ミニマリストの洗濯事情はいかがだったでしょうか。普段の生活で、洗濯が終わるのを待つ時間、干す時間、乾くのを待つ時間、畳む時間が煩わしいと思っている方は、洗濯乾燥機でそのストレスを軽減するのが一番だと思います。

MINIMALISM

09

洗濯という重労働から解放される

10

Minimalism:
How to Thrive on
¥100,000/Month

巻き取り式充電ケーブル

モバイルバッテリーと併せてオススメしたいのが、巻き取り式の充電ケーブルです。

今、あなたはどんな充電器を使っているでしょうか。お部屋で使う時、職場で使う時、出先で使う時に、コードを解いたり結んだりするのが面倒くさいと思ったことはありませんか？　鞄の中でコードがゴチャゴチャに絡まっているのを見て、うんざりした覚えはありませんか？

僕も昔、そのようなストレスを感じて、巻き取り式充電ケーブルを取り入れました。特徴はその名の通り、コードを巻き取ってくれるので、結んだり解いたりする手間もなく、鞄の中で絡まる心配もありません。体積的にも小さいので、荷物もかさばらずコンパクトになります。

さらに、急速充電可能なものにし、先ほど紹介したモバイルバッテリーと駆使すれば、充電スピードも速くなります。

巻き取り式充電ケーブルにも多くの種類があり、出力が「Lightning」「Type-C」「micro USB」などあるので、多くの電子機器に対応できます。

先ほどのモバイルバッテリーと併せて使いたい場合は、入力が「Type-A」のものを選んでください。

MINIMALISM
10

モバイル製品にはこだわりを

第 2 章

お部屋が喜ぶ
ゴールデンルール

Chapter 2

8 Golden Rules for Minimalist Living

01 お部屋をスッキリ見せる3カ条

僕は今までに数多くのミニマリストを取材し、いろいろなお部屋を見てきました。そこから学んだことを素直に実践し、今僕が住んでいるお部屋もかなりスッキリした状態になりました。そこで、今からお部屋をスッキリさせるために必要な3カ条を紹介していきます。

第1条　置かない

僕は極力、床の上にモノを置かないようにしています。家具や家電など、最低限のモノだけ置くようにすれば、床面積が広くなり、開放感のあるお部屋になります。

逆に散らかって見えるお部屋は、モノをなんでも床に置いて床面積が狭くなっているお部屋です。あなたのお部屋には、家具や家電だけではなく、日用品や収納棚、洋服、リモコン、充電器、鞄などが、床に置きっぱなしになっていないですか？

「床にモノを置かない」を徹底すれば、それだけでもスッキリしたお部屋になるはずです。

また、床に置くアイテムにもこだわりがあり、できるだけ小さいモノを選ぶようにしています。もちろん、「適した大きさ」が大事なのですが、大き過ぎるモノは買いません。「大は小を兼ねる」ということわざがありますが、大きいモノばかり選んでお部屋に置いてしまうと、空間的に狭くなるのでオススメできません。

第2条　かけ（掛け）ない

そして壁にモノをかけないことも、スッキリしたお部屋づくりには欠かせません。

これも、モノをたくさん壁にかけることで壁面積が小さくなり、お部屋が狭く感じてしまうためです。

さらに、色とりどりのモノが壁にかかっていると、雑多な印象を与えてしまいます。できるだけシンプルに、色を統一させるとお部屋がスッキリした印象になります。

ただ、やはり注意が必要なのがモノのかけすぎです。僕がよく汚部屋の片づけに行くと、鞄やベルト、アクセサリー、ビニール袋、カレンダー、壁かけ時計など、大量のモノが壁にかかっています。

主な原因は、備えつけの収納にモノが入り切らなくなってしまったことが原因です。はたして、それらのモノは本当に必要でしょうか。普段の生活で使っているのでしょうか。壁にかける必要はあるのでしょうか。

視覚的なストレスを減らしていくためにも、そして失くし物や探し物、家事の時短のためにも、壁にモノをかけるのはやめましょう。備えつけの収納にすべての持ち物を収納すれば、お部屋はスッキリするはずです。

第3条　敷かない

最後に、お部屋をスッキリさせるポイントは、床に何も敷かないことです。主にラグやじゅうたん、玄関マット、トイレマット、バスマットなどが挙げられます。我が家では、マット類は一切持っていません。その理由は、掃除やクリーニングで手間と時間とお金が奪われるからです。さらにホコリやダニの原因にもなり、人によっては肌トラブルにもなります。

僕は数多くのミニマリストを取材してきましたが、アトピーやニキビなどの肌トラブルを抱えた方がマット類、布類を手放したことで、肌トラブルが改善した例を数多く耳にしてきました。

ただ、あなたが疑問に思うこともあるでしょう。バスマットやトイレマットを手放しても大丈夫なのかと。その疑問についてお答えしていきます。

まずバスマットについてです。我が家にはバスマットがないのですが、お風呂場から出る際にタオルで足を拭いてから出るようにしています。それで全く問題ありませんし、そのまま洗濯機にタオルを放り投げれば衛生面も保たれます。1週間も洗わないバスマットは、それこそ雑菌の温床になってしまいます。

次にトイレマットについてですが、あなたはどれくらいの頻度でトイレマットを洗っているでしょうか。そして、洗う時は洗濯機に入れて単独で洗いませんか？僕はその行為自体が手間で無駄だと感じています。

そもそもトイレ掃除をこまめに行えば、綺麗に保たれます。だから素足や靴下の状態でも全く問題ありません。むしろ、数日放置したトイレマットには雑菌が繁殖し、それこそ不衛生です。

そんな風に、なくてもいい「敷くモノ」を減らしていくと、お部屋もスッキリしますし、家事の負担やストレスも減っていくと思います。

ということで、いかがだったでしょうか。「置かない」「かけない」「敷かない」の3つの条件を満たしたお部屋づくりをすれば、たちまちあなたのお部屋もミニマリスト部屋へと一歩前進できるはずです。

さらにモノを買う時は、床や壁と同系色のモノを選ぶと、空間をより広く見せることができます。僕の部屋では、床も壁も白色ですので、白色や無色透明、銀色を取り入れたことでスッキリした印象にすることができました。

MINIMALISM

11

置かない・かけない・敷かない

02

Minimalism:
How to Thrive on
¥100,000/Month

快適になるお部屋づくり3カ条

続いては、快適になるお部屋をつくる上で、僕が心がけた3カ条をご紹介します。

ミニマリストというと、モノが何もなくスッキリしたお部屋のイメージを持たれるかもしれません。

もちろん必要ないモノを手放していくことも重要ですが、何より重要なのは「どういうモノを残すか」です。

第1条　白色を多めにする

僕がお部屋づくりで意識していることは、白色のモノを多く取り入れることです。

床や壁も白色にしたいと思い、今の物件を選びました。

なぜ白色を多めにするのかといえば、まずお部屋を広く開放的に見せてくれるからです。たとえ小さな部屋でも、白色のお部屋は広く見えます。どうしても窮屈なお部屋は、精神的にも心が休まらず、さらには思考も制限されている感じがします。極端かもしれませんが、3畳の狭い部屋にいるよりも、解放的でスッキリした広い空間にいる方が、心身ともに解放的になれて、自由な発想ができそうな気がしませんか？

物件の広さや開放感は、引越しをしない限り変えられないので、少しでも解放感を出すために僕は白色を多く取り入れるようにしています。


また、白色を取り入れることは副次効果もあります。白色は、清潔感があり衛生的な印象を与えてくれます。いい例が病院です。お医者さんも看護師も白衣を身につけ、床や壁も白色であることが多いのはこのためです。

ですので、玄関を入ってパッと目に入るお部屋の光景が、少しでもいい印象であるように白を取り入れています。例えば白以外にも、銀色や無色透明のアイテムでも白色と同じ効果が得られます。

さらに、白色で統一感を持たせることができれば、よりお部屋はスッキリ見えるでしょう。例えば、わかりやすい例がハンガーです。あなたのクローゼットで使われているハンガーは、どんな色でしょうか。色とりどりのカラフルなハンガーを使われている場合は、ぜひ白色に統一してみてください。それだけでもグッとクローゼットがスッキリするはずです。

第2条　木の温もりを取り入れる

続いて僕がモノを増やす際に意識したポイントが、木の温もりを取り入れることです。真っ白なお部屋に何もないと、寂しいお部屋になってしまうからです。

前述したとおり、僕は昔、持たない暮らし実験で約50個の持ち物だけで生活しましたが、なんともいえない虚無感があったのです。50個のモノだけでも生活はできますが、そこに「安らぎ」や「安心感」はありませんでした。

そこで僕が取り入れたのは木製のアイテムです。木製のモノは、部屋を温かみのある印象にしてくれます。自然な温もりは、快適で心地良い空間になるからこそ、心にも安らぎと安心感が出てくるのだと思います。

我が家では、テーブルや椅子、調味料入れやまな板などに木製のモノを使っています。ぜひあなたの好みに応じて一度、木製のアイテムを取り入れてみてください。

第3条　緑を取り入れる

最後に、僕がお部屋づくりで意識したのは、緑を取り入れることです。今、我が家では4つの観葉植物があることは第1章でも書きました。理由は、先ほどと同じで、「安らぎ」や「安心感」を得るためです。

大前提としてモノが少ない空間は当たり前ですが、その上で観葉植物などの緑を取り入れると、癒しの空間になります。

MINIMALISM

12

「白・木・緑 入れる」3カ条

例えばショッピングモールや大企業のオフィススペース、お金持ちの部屋などにも、必ずといっていいほど観葉植物が置いてあります。それは、リラックス効果を与え、少しでも心地良い空間を演出するためです。

もし、観葉植物を取り入れることが難しければ、緑色の植物柄のカーテンを取り入れてみてください。きっとお部屋に温かみが出るはずです。

03

Minimalism:
How to Thrive on
¥100,000/Month

玄関

ここからは、家のエリアごとの空間づくりについてお話ししていきます。まずは玄関で、僕たち夫婦が意識していることをご紹介します。

靴は1足しか出さない

我が家のルールとして、**「靴はお互いに1足まで出していい」**と決めています。理由は、玄関をできるだけスッキリ見せるためです。やはり、玄関に出ている靴が多くなればなるほど散らかりやすくなります。玄関は家の顔とも言える場所ですので、出かける時や家に帰ってきた時にうんざりしないように、必要ない靴はシューズボックスに収納しておいたほうが、玄関がよりスッキリします。

靴は夫婦合わせて5足のみ

僕は全部で2足の靴しか持っておらず、スニーカー1足と運動シューズ1足のみです。妻は、スニーカーが2足と冬用のブーツ1足の合計3足だけです。ですので僕たち夫婦は合計5足の靴しか持っていません。

おそらく一般家庭であれば、1人あたり5足〜15足持っている方が多いのではないかと思いますが、はたしてそんなに靴を履くことはあるのでしょうか。

もちろん働き方やライフスタイル、趣味嗜好によって必要な靴も変わってくると思いますが、せいぜい1人当たり5足の靴があれば十分生活できるはずです。

少ない靴で暮らすようになって良かったことは、靴選びに時間と手間がかからなくなり、毎日お気に入りの靴が履け、そして玄関がスッキリしたことです。

傘は3本だけ

我が家の玄関には、妻の傘が3本だけあります。僕は鞄の中に折り畳み傘が1本あるだけですので、玄関が非常にスッキリしています。

妻が持っている傘は日傘と雨用の傘、そしてシューズボックスに折り畳み傘が1本あります。念のための傘やコンビニで急遽買ったビニール傘などは一切置いていません。僕がよく汚部屋の片づけに行くと、モノが増えがちな人はビニール傘を何本も持っていたりします。ですが、実際に使う傘は1日1本だけです。はたして、何本もの傘は必要でしょうか。

僕は折り畳み傘1本だけで生活していますが、全く生活で困ったことはありません。玄関の風通しを良くするためにも、使っていない傘や古くなった傘、壊れた傘は早急に処分することをオススメします。

石鹸の香りの芳香剤

我が家の玄関には、石鹸の香りがする芳香剤が置いてあります。人間は石鹸の香りを嗅ぐと、「この空間は清潔だ」という印象を受け、「お部屋を清潔に保ちたい」という心理が働くのです。僕は大の掃除嫌いでズボラな人間ですので、昔はよく部屋を散らかしがちでした。ですが、玄関だけでなく各お部屋に石鹸の香りの芳香剤を置いてからは、本当に不思議ですが部屋が散らかりにくくなりました。

買い物袋と印鑑を玄関に置く

他に玄関に置いてあるモノといえば、買い物袋と印鑑です。理由は、買い物に行く時にスムーズに買い物袋を持って行けるように、そして宅配便が来た時にスムーズに印鑑が押せるように玄関に置いてあります。
我が家の収納のこだわりは、「よく使う場所」に置いておくことです。モノの住所が決まっておらず、あちこちにモノがあると探し物や失くし物の原因になります。ですが、一番よく使う場所にしまっておけば、間違いなく探し物や失くし物もなくなります。さらには導線も短くなるので生活がより効率的にもなるはずです。

MINIMALISM
13

玄関をスッキリと爽やかに

04

Minimalism:
How to Thrive on
¥100,000/Month

キッチン

続いてキッチン周りです。普段の生活で使う場所ですので、ここがスッキリするだけでも家事や料理が楽になること間違いなしです！

目に見えるところにモノは置かない

あなたのキッチンには、どんなモノが置いてあるでしょうか。我が家では、極力キッチンの上にはモノを置かないようにしています。理由は、モノが多いと料理や掃除の手間になるのと、視覚的なストレスになるからです。できるだけ備えつけの収納に入れるようにしています。そして置いてあるモノは、できるだけシンプルなデザインのモノを使っています。例えば食器用洗剤、手洗い用の洗剤ボトル、白色のスポンジ、木製の調味料入れなど、色が散らばらないように意識しました。

水切りマット、水切りスノコで家事をなくす

我が家では、家事をできるだけ減らせるように意識しています。キッチンでいえば、「食器を拭く」という家事をなくしました。

水切りマットや水切りスノコを使うことで、食器を自然乾燥させています。毎日毎食後に食器を拭くのも、数分かかります。

仮に、食器拭きに1日5分かかるとすると、それらの家事がなくなれば1カ月で150分（2時間半）、年間で約30時間（約1日分）の自由な時間を生み出せるのです。多くの人が毎日家事に追われて忙しい生活を送っている中で、貴重な1日分の自由時間を生み出せるのは大変重要なことだと思います。

冷蔵庫も大きすぎないシンプルなモノを

我が家では引っ越しを機に冷蔵庫も新調したのですが、大きすぎないシンプルなモノを選びました。収納が大きすぎると、人間はモノを入れたくなる心理が働くからです。僕はYouTubeの企画で数多くの汚部屋を片づけてきましたが、キッチンから賞味期限切れの食材や調味料が山のように出てきました。原因は、収納に詰め込みすぎて管理できなかったためです。

収納が必要以上に多いこと、大きいことは、食材を無駄にすることにつながるので、我が家では必要以上に大きな収納・冷蔵庫を買わないようにしました。

食器も調理器具も最低限のモノだけ

食器も家族2人分のモノだけしかないので、収納の中も非常にスッキリしています。料理に使う調理器具も最低限のモノだけ持ち、色もできるだけ統一して銀色・白色・黒色の3色を選びました。食器や調理器具も、普段使っていないモノは処分した方が、間違いなくキッチン周りはスッキリします。もちろん、料理を楽しむためのモノは残してもいいと思うのですが、持ちすぎは禁物です。

できるだけシンプルなデザインの食器を選べば、どんな料理にも合うでしょうし、調理器具もそこまで多くなくても普段の食生活には困らないのではないでしょうか。ですので、1年間使ってこなかったものは、ぜひキッチン周りをスッキリさせるために手放すことをオススメします。

食材のストックはしない

我が家では、食材のストックはほとんどしません。食材は際限なく増えていくので、収納が足りなくなってしまうからです。

例えば2020年春頃、新型コロナの影響で緊急事態宣言が出ましたが、それをキッカケに食材を山ほど買っていませんか？　そして、それらの食材は買ったきりになっていませんか？　本当にここ数カ月で食べ切れるでしょうか。

もちろん防災という意味でも、食材の備蓄は必要になってきます。しかし、食料を溜めすぎた分だけお金が手元から出ていき、さらには食べ物を腐らせ、虫が出る原因にもなります。僕は震災による避難生活も経験しましたが、何十日分もの備蓄・食材は正直必要ないと感じました。人間は、食べ物がなくても水さえあれば3週間ほど生きられるそうです。そう考えると、必要以上に食材・備蓄を溜め込みすぎて窮屈な生活を強いられるのも考えものです。

MINIMALISM

14

キッチンはライフスタイルそのもの

料理を楽にしてくれる調理器具・便利グッズは持っていい

ミニマリスト生活でモノを持たないからといって、不便な生活を強いられるようでは意味がありません。大事なのは効率的に生きることであり、普段の生活でストレスを減らしていくことだと思います。ですので、我が家では「最低限の便利グッズは持っててもいい」と決めています。例えば、電気ケトルや炊飯器、ピーラー、電子レンジなどです。これらのモノも、可能な限りシンプルなデザインのモノを選び、お部屋の景観を損ねないように意識しました。

05

Minimalism:
How to Thrive on
¥100,000/Month

トイレ

次は、我が家のトイレをご紹介していきます。トイレも極限まで必要なモノを削り、できるだけシンプルな空間づくりを心がけました。

スリッパもトイレマットも置かない

トイレにスリッパとマットを置いているご家庭が多いかと思いますが、我が家では数年前から置いていません。理由はシンプルに、掃除の邪魔になるからです。トイレは当たり前ですが、家の中で一番汚い場所になります。その空間にモノを置くということは、ホコリや汚れ、臭いの原因にもなり、心地良い空間から遠ざかってしまいます。

むしろマットやスリッパがないからこそ、ホコリや汚れが気になり、掃除も頻繁にするようになります。トイレやスリッパがないからこそ、掃除するハードルも下がるのです。

消臭剤いらずのトイレの秘密

我が家のトイレには、消臭剤は置いていません。できるだけモノを減らすために、「エリエールの消臭＋」というトイレットペーパーを使っているからです。これにより、トイレがいい香りに包み込まれるので、とてもオススメです。

消臭剤1つないだけでも、掃除の手間がなくなるだけでなく、買い物による時間・お金の消費もなくなるのです。

流せるトイレブラシで衛生的に

あなたは今、どんなトイレブラシで掃除しているでしょうか。我が家では、「スクラビングバブルの流せるトイレブラシ」を使っています。理由は、衛生的な空間を保てるからです。いわゆる通常のトイレブラシだと、雑菌が繁殖し悪臭の原因にもなりかねません。

また、これは余談ですが、お金持ちや多くの経営者はトイレブラシすら使いません。素手で掃除するのです。

僕もある経営者の方から、素手でトイレ掃除するように勧められたことがあります。経営者たるもの、嫌なことを避けて通るわけにはいきません。「もっと汚いところ、嫌なことにも手を突っ込め」という意味合いで、彼らは素手でトイレ掃除をするそうです。

さらに、科学的根拠があるわけではありませんが、素手でトイレ掃除をするとお金が増えるようです。確かに、トイレが綺麗なお店は繁盛しやすいと聞けば納得ですよね。お客さんとしてお店のトイレを使用した時、汚いとガッカリしますし、お店の印象も下がってしまいます。家も、全く同じです。

僕自身も初めは半信半疑でしたが、トイレ掃除をする時は素手で掃除しています。ただ、いきなり素手で掃除することはハードルが高かったので、ゴム手袋を着用しています。

実際にやってみると、不思議と心が洗われていく感じがするのです。中には、あらゆることが幸せに感じ、涙する人もいるそうです。

僕はそこまでの域には達していませんが、あなたにもぜひオススメします。一度、ゴム手袋をはめてでもいいので、1週間毎朝素手でトイレ掃除をしてみてください。きっと何か、心境の変化が表れると思います。

多くの経営者や成功者は、その心洗われた状態で仕事をするので結果が出やすいと言えるかもしれません。

生理用品は白いボックスでシンプルに

女性であれば、生理用品をトイレに収納している方もいらっしゃるかと思います。我が家では、無印良品の白いボックスに入れて、できるだけ景観がシンプルになるようにしました。白色は、清潔感のある印象を与え、空間を広く見せる作用があります。トイレを心地良い空間に少しでも近づけるためにも、白色を多めに取り入れることをオススメします。また、ワンポイントで緑を置くとなお、オシャレなトイレになるでしょう。風水的にも運気が上がるようです。

MINIMALISM

15

トイレの神様を呼ぶために

06

Minimalism:
How to Thrive on
¥100,000/Month

お風呂場

続いてはお風呂場です。お風呂場も昔に比べるとかなりモノが減って、スッキリした空間をつくることができました。ポイントは、次の5つです。

湯桶、椅子は置かない

我が家には湯桶と椅子は置いていません。理由は、なくても髪や体を洗うことはできるし、それらがあることで水垢や汚れ、カビの原因になるからです。家事の手間が増えるくらいなら持たない方がいいと判断し、手放すことにしました。

あなたもきっと、ビジネスホテルなどに泊まった際、立ちっぱなしでシャワーを浴びた経験はあると思います。ほぼ8割以上の人は、とくに苦に感じないはずです。

一度、「立ってシャワーを浴びるストレス」と「お風呂掃除をするストレス」を天秤にかけてみてください。

全身シャンプーを家族共有で使う

あなたは今、ボディーソープとシャンプーを別々に使っていませんか？　ミニマリストの多くは、全身シャンプーを使っている人が多いです。

我が家ではミノンの全身シャンプーを使っていて、髪も体も全身を洗うことができます。つまり、わざわざボディーソープとシャンプーを使い分ける手間が省け、お風呂場が広くなり、液体の詰め替えや買い物の手間もなくなるのです。

また、男性ミニマリストであれば無印良品の全身シャンプーがオススメです。コンパクトサイズでデザインも非常にシンプルだからです。

そして女性ミニマリストであれば、ミノンの全身シャンプー（泡タイプ）がオススメです。理由は、ニキビや肌荒れ、汗臭を防ぐ効能があり、肌にとても優しい全身シャンプーだからです。また、泡タイプのシャンプーを使うことで、泡立てスポンジを買わずに済みます。我々夫婦は、素手でいつも体を洗っているのでぜひ試してみてください。

掃除用スポンジはフックつき

お風呂掃除は、ウタマロクリーナーとお風呂用スポンジで行っています。スポンジは、フックつきのモノを使っているので、S字フックが必要ありません。これにより、フックが落ちるストレスがなくなります。

そういったちょっとしたストレスを減らしていくことで、生活がよりシンプルに心豊かになっていきます。

バスマット・バスタオルも使わない

あなたはお風呂上がり、どのように体を拭いているでしょうか。我が家にはバスマットもバスタオルもありません。

体や髪の毛を乾かす際は、フェイスタオルを使っています。わざわざ大きいバスタオルを使わなくても、フェイスタオルで十分体の水分を吸収することができます。

さらに、バスタオルを使うと洗濯物がかさばるので、水道代が高くなったり、洗濯の頻度が増えたり、洗濯の乾き具合に時間差が生まれるので、家事が面倒にもなります。

そして、多くの人の悩みの種が生乾き臭です。とくに雨の日や梅雨の時期、生乾き臭に悩んだことはありませんか？　フェイスタオルであれば、バスタオルに比べて乾きやすく、洗濯の手間や臭いの原因を軽減することができるのです。

「大は小を兼ねる」とは言いますが、しかしバスタオルのように大きなモノを持つ必要はありません。

そしてバスマットがなくても、浴槽内で足をしっかりタオルで拭けば、床が濡れることはありません。

バスマットは、数日放置しただけでカビや臭いの原因になり不衛生です。洗濯の手間も増えるので、我が家ではなくてもいいという結論に至りました。

ミニマリストの中には珪藻土《けいそうど》を使っている方もいますが、床にモノを置くと掃除の手間になるので、数秒の手間をなくしたいという理由で我が家では買っていません。

浴室乾燥機とこまめな掃除でカビ知らず

今の賃貸マンションには浴室乾燥機がついていて、入浴後に数時間乾燥をかけているので、我が家ではカビで悩んだことがありません。だから、カビキラーなどの掃除グッズもなく、節約になっています。

カビは適度に暖かく、水分と栄養（汚れ）のあるところが好きですので、「温度」「水分」「栄養」の3つの条件が揃うと活発に増え始めるそうです。

つまり、換気・乾燥を入浴後に行い、こまめに掃除をすればカビは発生しないのです。そして多くの人にとって、お風呂掃除は苦痛に感じると思います。その重い腰を上げるためにも、お風呂に余計なモノは置かず、スッキリした空間を保ちましょう。そうすれば、「栄養（汚れ）」の付着も防げるので一石二鳥です。

MINIMALISM

16

水回りはこまめな整理・掃除を

07

Minimalism:
How to Thrive on
¥100,000/Month

リビング

続いてはリビングの紹介です。お部屋の中でもとくに滞在時間が長いリビングは、部屋づくりの良し悪しによって暮らしそのものの満足感が変わってきます。

必要最低限のモノしか置いてはいけない

我が家のリビングは一般のご家庭よりモノが少なく、必要最低限のモノしかありません。モノが多く、散らかった部屋ではくつろぐことも作業に集中することもできないからです。

例えば、床にモノが散乱し、収納ケース・収納棚が多くある部屋では、探し物や整理整頓、掃除に時間が奪われてしまいます。さらに、ソファーやローテーブルといったような姿勢を崩すアイテムがあると、疲れやすく、ダラダラして時間を無駄に過ごしがちです。それは本当に、あなたの人生において有意義な時間の使い方でしょうか。

僕がお部屋づくりで重要視するのは、「人生で最も重要なことに集中するための空間づくり」です。僕が今、最も力を注いでいるのは「仕事」です。影響力を持ち、ミニマリズムの魅力を1人でも多くの人に伝えるために、全力を注ぎたいのです。ですので作業スペースでもあるリビングには、無駄なモノは一切置いていません。

椅子とテーブルにこだわる

リビングにある唯一のモノは、机と椅子です。モノが少ないからこそ、椅子とテーブルにはとくにこだわりました。

我が家の椅子とテーブルは「**かなでもの**」というブランドで、少し高めの価格ですが、デザインがシンプルかつ木製のモノが取り揃えてあります。質のいいインテリアを選ぶことで、食事や作業の楽しみが倍増するのでオススメです。

やはり、リビングに余計なモノをたくさん置くよりも、洗練されたデザインのインテリアを少しだけ置くほうが、空間に品が出るだけでなく開放的で心地良くなるのです。

観葉植物で癒しの空間に

そして、リビングには観葉植物が置いてあります。理由はたびたび述べてきた通りですが、植物があることで癒しと温かみのある部屋になるからです。

緑色は目に優しく、リラックス効果があります。つまり、観葉植物は疲れた時やストレスが溜まった時に癒してくれるのです。

一度、お金持ちのお部屋とそうでない人のお部屋を想像してみてください。お金持ちの部屋はモノが少なくスッキリしていて品があって、統一感があり、観葉植物が置いてあるのを容易にイメージできると思います。

その一方で、貧乏人のお部屋はモノが多く散らかっていて、統一感もなく、観葉植物を置くスペースすらないことがほとんどです。

「観葉植物を置けばお金に恵まれる」という科学的根拠はありませんが、「癒し」による生活の質の向上は確かです。

MINIMALISM
17

リビングは癒しの空間に

08

Minimalism:
How to Thrive on
¥100,000/Month

クローゼット

続いては僕のクローゼットをご紹介します。クローゼットも、意識してモノを減らさないと際限なくモノが増えていく場所ですので、ぜひ参考にしてみてください。

服は1年に10着で着回す

僕の部屋のクローゼットには、10着ほどの衣類しかありません。

【夏服】
半ズボン1着／半袖Tシャツ2着

【春・秋服】
長ズボン1着（冬服にもなる）／長袖Tシャツ2着／ジャケット1着
【冬服】
厚手のニット2着／コート1着
※肌着・下着・靴下類はカウントしていません。

計10着

1年間、これだけの服があれば十分着回すことができます。最小限の衣類で着回しているからこそ、僕の毎年の被服費は10万円もかかっていません。

また、下着はパンツが2着、半袖肌着が2着、冬用のヒートテックが2着、靴下が2組のみです。パジャマは、冬用の長袖と長ズボンを1組持っています。これが、ミニマリストの洋服事情です。

YouTubeの企画で汚部屋の片づけを行うと、どの依頼者も洋服を数百着持っています。身体はひとつなのに、本当にそれだけの服を着られるとは思えません。多くても1シーズン5組として、1年間で20着ほどで十分なはずです。仕事着や礼服を含めても、30着ほどで十分でしょう。

洋服を必要最小限にするメリットは、なんといっても毎朝のコーディネートが楽になることです。僕は毎日同じ柄の洋服を着ているので、「服を選ぶ」という行為自体ありません。生活から「選択肢」をなくすことで、迷いや決断疲れがなくなります。すると、お金も時間もエネルギーも生み出すことができるのです。

ですので僕は、靴下もパンツも黒色で統一し、洋服についても基本的に同じ色の服(白色や黒、紺色など)で統一するようにしています。

ちなみに僕は、スーツも礼服も持っていません。僕はフリーランスですので、必要になった時はレンタルサービスを活用する予定です。長いこと使わないと体型が変化したり、カビたり穴が開いていたりで、再度購入するリスクもあります。僕は、長いこと使わないモノは家に置きたくないので、手放すことにしました。

吊せる収納

我が家には収納タンスやハンガーラックはなく、すべて備えつけの収納だけで衣類を収納しています。第1章でも述べましたが、ハンガーさえあれば洋服は問題なく収納できます。むしろ、シワにならずアイロンがけをしなくてもよくなくなりました。ですが以前は、下着や靴下の収納に困っていました。そこで取り入れたのが、無印良品の「吊せる収納」です。ネットがついているので、そこに下着をクルッとまとめて収納すれば、わざわざ下着や靴下のための収納ボックスを用意する必要がありません。

ハンガーは必要な数だけ持つ&白色で統一

服を必要以上に増やさないために、我が家では決まった数のハンガーしか持っていません。新しく服を買った場合、古いモノを必ず手放しています。必要以上に持たない習慣を身につければ、モノが増えることもお部屋が散らかることもないのです。また、ハンガー収納においてあなたにオススメしたいことがあります。ぜひ、ハンガーの色を統一してほしいのです。白色でも黒色でも、木製でも、同じデザイン・色合いのもので統一することで、収納がよりスッキリして見えるからです。

我が家でも数カ月前に、色とりどりだったハンガーをすべて手放し、無印良品の白色のハンガー・ボトムスハンガーに統一しました。目に見えてクローゼットがスッキリしたので、クローゼットをよりシンプルにしたい方はオススメです。

MINIMALISM

18

クローゼットは今の自分が表現されている

余白に置いていいモノも、必要最低限

クローゼットには洋服だけでなく、売る時に必要な空き箱が数個と、経費ノートや書類、貴重品が置いてあります。思い出のモノや念のためのモノ、いつかのモノは一切置いていません。大事なのは、どこに何があるのかを把握できる状況を常につくっておくことです。モノが増えすぎてモノを詰め込んでしまえば、非生産的な生活になっていくのでどんどん生活の質が下がっていくでしょう。

第 3 章

モノが喜ぶ
ゴールデンルール

Chapter 3

8 Golden Rules for Minimalist Things

01

Minimalism:
How to Thrive on
¥100,000/Month

人間が最低限生きるために必要なモノは100個もない

前章まででも少し触れましたが、**「持たない暮らし実験」**のことについてお話ししたいと思います。

2019年12月から2020年2月の3カ月間、僕はすべての持ち物を手放しました。キッカケは、映画『365日のシンプルライフ』を観て感化されたからです。ミニマリストを目指している方は、一度観ることをオススメします。

26歳のペトリ（主人公）は彼女にフラれたことをキッカケに、モノで溢れた自分の部屋には幸せがないと感じ、自分の持ち物をすべてリセットするという、実話に基づく映画です。

多くの人は、今あるモノから片づけや断捨離をしてモノを減らそうとしますが、この映画では「持ち物ゼロ」から必要なモノを増やしていくという変わった方法で実験しています。

そして彼はその実験で、次の4つのルールを設けました。

①持ち物すべてを倉庫に預ける
②1日に1個だけ、倉庫から持ち物を持ってこられる
③1年間、実験を続ける
④1年間、何も買わない

毎日モノを1つ選ぶ度に、自身の生活と向き合う彼の姿を観て、「人生で本当に大切なものは何か?」を深く考えさせられました。そして僕自身も、「その実験をやってみよう!」となったのです。

ですがリアルな現実世界で全く同じようにはできなかったので、次のルールで僕は「持たない暮らし実験」を行いました。

① 新居を3カ月だけ借りる
② 持ち物は旧居にすべて置いてくる
③ 必要と感じたモノだけ持ってこられる（1日何個でも）
④ 1日目はコート1着のみの裸でスタート

最初はコート1着のみの裸の状態だったので、寝具も服も何もありません。僕のYouTubeチャンネルの再生リストに動画が残っていますので、興味がある人はご覧ください。

さて、僕がその実験を行った目的は2つです。まず1つ目は、人間が最低限の暮らしをするのに必要なモノは何なのかを確かめたかったからです。

結論、僕のライフスタイルにおいては50個ほどのモノだけでも生活ができることがわかりました。人間が最低限必要なモノは、衣類が数着と靴が1足、寝具、折り畳み傘、鞄、スマホなどの仕事道具、充電器、現金、クレジットカード、トイレットペーパー、タオル、シャンプーや歯ブラシなどの身だしなみグッズでした。本当に必要なモノは、それほど多くなかったのです。

そして2つ目の目的は、「本当の幸せとは何か?」を確かめたかったからです。モノで溢れる時代を生きる僕たちにとって、何が幸せなのだろう? と思ったのです。

その実験を通じて僕が学んだことは、普段の当たり前の生活がとても幸せなことだということです。大袈裟ではなく、服や靴があるから外出できるし、お金があるから買い物もできる。トイレットペーパーやタオル、洗剤があるから体を清潔に保てる。寝具があるから安眠できるし、仕事道具があるからお金を稼げる。ガスや電気、水道があるから安心して暮らせる。なんて幸せな世界に、僕たちは生きているのでしょう!

つまり、**僕たちはモノに生かされている**のです。モノがなければ、僕たちは何もできません。だからその実験を通して僕は、一つひとつのモノに感謝の気持ちが湧き上がってきました。

もしあなたが同じように持たない暮らし実験をするとしたら、持ち物ゼロから何を増やしますか？　きっと、それほど必要なモノは多くないはずです。

僕はこの持たない暮らし実験を行ったことで、人生観が大きく変わりました。普段当たり前にあるモノたちはかけがえのないモノで、モノがあるから効率的で豊かな生活ができています。でも決して「モノを持ちましょう！」と言っているのではありません。

むしろ、今以上にモノを持たなくても、衣食住に困ることはないと言いたいのです。現代人はモノを持ち過ぎているのです。

きっと今以上に幸せを求めるなら、モノではなく、家族との絆や、親友との思い出、自己成長、自己実現、他者貢献が必要になってくるのではないかと思います。お気づきでしょうか。必要十分なモノを持てば、僕たち人間はモノを買っても幸せに感じないのです。

本当に大事なものは、目に見えるモノではなく、目に見えない信頼や思い出、成長、感謝の気持ちです。

MINIMALISM

19

人は50個のモノがあれば生きられる

02

Minimalism:
How to Thrive on
¥100,000/Month

モノが減れば「収納」「整理整頓」を考える必要すらない

あなたは普段の生活で、整理整頓や片づけに悩まされ、どう収納すれば部屋がスッキリするのかばかり考えていませんか？

結論を先に言ってしまえば、それらに悩まされること自体もったいないことですので、僕は「モノを減らしましょう」としつこく言ってきました。モノを減らせばお部屋が散らかることも、収納を考える必要もなくなるからです。

日々の生活の中で、整理整頓することや片づけること、使ったモノを収納することとは、本当にあなたの人生にとって大事なことでしょうか。

「やりたいこと」ですか？
「好きなこと」ですか？
部屋が散らかるのが嫌だから、仕方なくやっている方がほとんどだと思います。だから本来、片づける時間や整理整頓の時間は、僕たち人間にとってなんの生産性もない意味のない行為です。そして、お部屋を散らかさないために、徹底的にモノを減らしてほしいのです。

モノを減らす基準はとても簡単で、今の生活で「使っている」か「使っていない」かです。それ以外のモノは、極端なことを言えば、なくても今の生活に支障は出ません。

先ほども述べたように、我々人間は100個ほどのモノがあれば暮らせてしまいます。部屋が散らかることも、収納を考えることも一切ありません。

もしあなたが今、備えつけの収納より溢れるモノを持っている場合は、モノを持ち過ぎている可能性があります。備蓄やストック、「いつか」「念のため」「もったいない」と思って残してあるモノが、必要以上に残っていませんか？

僕は、そこに頭を悩ませるよりも、大事なことがあるように思うのです。

今、あなたの仕事は楽しいですか？
貯金は十分できていますか？
家族を大切にしていますか？
将来に不安はないですか？
あなたが人生で最も叶えたい夢はなんですか？

僕は、そこに注力するために時間とお金とエネルギーを注ぐべきだと考えています。だからこそ、お部屋が綺麗に整っているのは大前提のお話で、ミニマリストになってようやくスタートラインに立てるのです。

ミニマリストとして考えるべきは、悩みの根源を断つことです。モノに悩まされているなら、モノを減らせば悩むこと自体なくなります。むしろ、それと連動してあらゆる悩みが解決され、お金や自由な時間が生まれるという副産物までついてきます。
モノに悩まされる人生は、ここで終わりにしましょう。あなたが自由と心の豊かさを感じられるまで、徹底的にモノを減らしていくのです。

MINIMALISM
20

整理しない、整理術が理想

03

Minimalism:
How to Thrive on
¥100,000/Month

部屋が散らかる3つの原因

あなたは、「なぜお部屋が散らかるのか」を考えたことはあるでしょうか。お部屋をスッキリさせたい方やミニマリストを目指している方は、その原因を一度考えてみてください。その原因さえ解決できれば、あなたもミニマリストに一歩近づけるはずです。

ここでは、とくにお部屋が散らかりやすい原因を3つピックアップしてご紹介していきます。

モノと収納が多い

当たり前ですが、モノが多いからお部屋が散らかるわけです。何回も繰り返しになりますが、モノが少なければ部屋が散らかることも整理整頓する必要もなくなります。

今、あなたが汚部屋に住んでいるのなら、片づけても片づけてもお部屋が散らかるのなら、原因は管理しきれないほどのモノがあるからです。そして、そのモノと比例して収納も増えているはずです。

あなたのお部屋には、何が一番多いですか？　なんの収納に一番悩まされていますか？　ここ1年でどんな収納を買いましたか？　玄関やキッチンなど、「もっと広くしたい」と思う場所はありますか？

散らかる原因は、モノの多さです。その原因をしっかり受け止めることが大事です。

同じモノが何個もある

続いてお部屋が散らかる原因は、同じモノが何個もあるからです。同じような用途で使うモノ、似たような機能のモノを持っていませんか？　例えば、靴や洋服、レジ袋、ハンガー、化粧品、充電器、調味料、調理器具などです。

ミニマリストの多くは、１ジャンル１アイテムだけのモノで暮らしている人がほとんどです。同じような機能・用途のモノを２つ以上持たないようにしているのは、それ自体が節約になるし、空間も広くなり、部屋が散らかりにくくなるからです。

モノの収納場所が間違っている

非常に当たり前のことですが、際限なくモノが増えていく人や部屋が散らかる人は、「使ったら元に戻す」ことができません。基本、後回しにしているのです。

大事なのは、モノの住所を決めること、そして使ったモノは元に戻すことです。

面倒くさがりな人はとくに、収納する場所に注意を向けてみてください。よく使う場所に収納し、できる限り生活の導線を短くシンプルにするのです。

結局、あなたが面倒になるのは、家の中を動き回らなければならない環境に住んでいるからです。動き回って疲れてしまえば、収納するのも整理整頓するのも面倒になるはずですよね。ですが、よく使う場所に収納し、導線が短くなって効率的に暮らすことができれば、お部屋もそこまで散らからないのです。

MINIMALISM

21

収納を基準に考えない

04

Minimalism:
How to Thrive on
¥100,000/Month

「捨てられない理由」を手放していく

僕はいろいろな方々の汚部屋の片づけをしてきましたが、モノが捨てられない人は決まって、「もったいない」「まだ使う」「高かった」とか、そんな言葉を言い訳にしがちです。

多くのミニマリストを取材してわかったのは、言い訳は言い訳でしかないということです。「捨てない言い訳」を手放して初めて、モノが捨てられるようになったと誰もが言っていました。

そこで、モノが捨てられない人が必ず口にする「捨てられない言い訳」9つと、それを覆していく「捨てて大丈夫な理由」や「僕が伝えたいこと」を紹介していくので、今日から片づけが捗ること間違いなしです！

(1)いつか使うかも

「いつか使いそうだから」と手放すのに躊躇する時ってありますよね。例えば、備蓄、ストック、防災グッズ、食材、化粧品、美容グッズ、洋服、本などです。

そこで僕がよく尋ねるのは…

▼「いつか」っていつですか？
▼「いつか」は今までに来たことはありますか？

その質問に対しての回答

○「○日後、こんな時に使う」という明確な日時がある場合は残す
×「うーん、いつだろう?」と悩むようなら、そのいつかはほぼ永遠に来ないので手放す

どうしても心配であれば、1割・2割だけ減らしてみる（消費する、売る、譲る）といいと思います。

(2)高かったから

「なかなか高いと手放すのにも勇気がいる」という人もいるかと思います。例えば、ブランド品、電子機器、ガジェット、家具家電、アクセサリーなどです。

そこで僕がよく尋ねるのは…

▼今の生活で使ってますか？
▼それを売ったお金で欲しいものや必要なモノを買った方が節約になりませんか？

その質問に対しての回答

○今の生活で使っているモノは残す
○時間の経過とともに価値が上がるモノは残す
×ただ残してあるだけのモノは処分（高く売れれば惜しくないですし、売れたお金で別のモノを買うか貯金すれば良い）
×高く売れなかったモノも処分（お金云々より、そのことで悩む時間がもったいない）

(3)まだ使える

片づけをしていると、「まだ使えるから捨てるのはもったいない」という言い訳もよく出てきます。例えば、文具、日用品、食器、調理器具などです。

そこで僕がよく尋ねるのは…

▼「まだ使える」と思って収納して、使ってない期間はどれくらいですか?
▼今の生活で、どれくらいの頻度で使っていますか?

その質問に対しての回答

○「使える」なら今すぐ使うべき
×大事なのは、「使える・使えない」かではない。「使う・使わない」か

×使い道がない、使い道がわからないのなら、それはもう使わない証拠

(4)もったいない

「捨てるのがもったいない」というセリフが、捨てられない人の一番の言い訳かもしれません。例えば、本、ゲーム、食器、洋服、アイドルグッズ、CD、思い出の品などです。

そこで僕がよく尋ねるのは…

▼使わずにしまい込んでいる状況は、ないのと一緒ではないですか？

▼もったいないと残したモノが多くて、失くし物や探し物、家事が面倒になったりするストレスがずっと続きますが、それはいいのでしょうか？

その質問に対しての回答

○1年に1度でも使うのであれば残す
×役目を果たしたモノは手放す
×定期的に使わない、見ない、触れないモノはないのと同じだから手放す

(5)捨てたら後悔しそう

片づけをしていると、「捨てると後悔しそうなモノ」も出てくると思います。例えば、学生時代のモノ、思い出グッズ、高価なモノなどです。

そこで僕がよく尋ねるのは…

▼捨てて後悔することはほぼ9割ない

▼なかったらないで、なんとかなる
▼捨てたモノは明日になったら結構忘れる

その質問に対しての回答

○使う目的が明確にある場合は残す
○今までの人生でベスト3に入る思い出ならば残す
△二度と手に入らないモノや高価なモノは保留ボックスで様子を見る
×あっても使わないものはないのと同じ
×ずっと押入れや収納にしまっているモノは手放す

実際、いろいろなミニマリストや汚部屋の片づけをした直後のご依頼者にインタビューをすると、「今までに捨てたモノはなんですか？」と質問してもパッと答えられなかったりします。

そして、「捨てて後悔したモノはありますか？」と尋ねても、ほぼ9割の方は「ありません」と答えるのです。理由はシンプルに、普段の生活で使ってないモノを捨てても生活に支障がないからです。

捨てると2度と手に入らないモノだけを慎重に見極めるようにすれば、あとは手放してしまっても問題ありません。

(6)貰い物だから

誰かからの貰い物って捨てにくいですよね。例えば、誕生日プレゼント、お土産、写真、ネクタイ、趣味の道具です。

そこで僕がよく尋ねるのは…

▼すぐに使って消耗するのはどうか

▼あなたの趣味嗜好に合っていますか?
▼貰ってから1回でも「使っているか」相手から聞かれましたか?

その質問に対しての回答

○よっぽど大事なモノ、使うモノは残す
×趣味嗜好に合わない、絶対に生活で使わないモノは手放す

僕は、貰った時点で自分のモノと考えるので、僕の生活において必要か、使うかどうか、趣味嗜好に合うかどうかを考え、答えが「NO」ならすぐに処分します。「処分しようが売ろうが、自分の自由」というスタンスが大事かもしれません。

貰ったら自分のモノ、罪悪感を持つ必要はありません。捨てられないなら、半年保管して処分することも検討してみてください。渡した本人もそれほど気にしてい

ないので、処分しても大丈夫です。

(7)なんとなく必要かも

卒業証書や卒業アルバム、資格証明書、山のようにあるクレジットカード、昔の書類・資料など、なんとなく必要なんじゃないかと思って残してあるモノもあると思います。

そこで僕がよく尋ねるのは…

▼過去1年、そしてこの先1年で使いそうですか?
▼それを持っていることで、具体的になんの役に立ちますか?

その質問に対しての回答

〇年に1回でも使ったモノは残す
〇この先、1年以内に使うモノは残す
×「なんとなく必要」の未来はほとんど来ないので処分
×存在を忘れていたモノは処分
×長期間見てない、使ってないモノは処分

僕は卒業アルバムも卒業証書も手放しました。クレジットカードも2枚まで厳選し、昔の資料や書類も使うことはないので全部捨てています。資格証明書に関しても、危険物取扱者、ボイラー技士、情報技術検定、計算技術検定、スポーツ教育、教員免許なども取得しましたが、僕の人生の方向性と照らし合わせた時に「違うな」と思ったので、すべてこれらも処分。「なんとなく必要かも」と思っても、結局使わなければないのと同じです。

つまり、なんとなく必要なモノでも、将来使うことはほとんどありません。もし不安であれば、5年、10年使わなかったモノから処分するといいでしょう。

(8)処分方法がわからない

これも片づけの時によくある言い訳ですが、これはただ単に分別や調べるのが面倒なだけです。

そこで僕がよく尋ねるのは…

▼ゴミの中で、簡単に分別できそうなモノはどれですか？
▼今すぐ調べましょう
▼ゴミの分別表を用意しましょう

その質問に対しての回答

○分別が簡単なモノから処分する
○分別先がわからないモノは調べて処分する
×調べるのが面倒なモノは処分
×お金がかかっても使わないモノは処分

その気持ちは僕にもわかります。ビン、カン、不燃、可燃、危険物、粗大、資源などに分別するのは面倒ですよね。

ですが、よく考えてみてほしいのです。捨てる苦痛は一瞬ですが、捨てずにゴミが溜まっていくストレスは一生続くのです。

もし処分方法がわからず、面倒くさいと思ったのであれば、すぐに取り掛かりましょう。捨てる苦痛・ストレスは一瞬で終わらせましょう。「捨てよう！」と思った時が「捨て時」です。

(9)使い切ってから捨てたい

片づけをしていると、使い切ってから捨てたいモノも出てくるはずです。例えば、消耗品、洗剤、化粧品、調味料、日用品、医薬品などです。

そこで僕がよく尋ねるのは…

▼期限は大丈夫ですか?
▼半年、1年以内に使い切れますか?

その質問に対しての回答

○期限内のモノは残す
×期限切れのモノは手放す

×使い切れない分のモノは上限を決めて残し、余りは手放す

使い切れないほど山のようにモノを残すと結局、お部屋は片づきません。無理して捨てる必要はありませんが、あくまで僕ならすぐに捨てます。

理由は、モノを処分するだけで、すぐに人生が変わるからです。空間にゆとりが生まれ、時間やお金の使い方がガラリと変わります。僕は効率的に、生産的に暮らしたいので、必要ないモノは多少もったいなくても処分するか誰かに譲ります。

MINIMALISM 22

「もったいない」から脱却し、まずは「手放す」

05

Minimalism:
How to Thrive on
¥100,000/Month

不便なモノ、面倒なモノは100％使わなくなる

僕がYouTubeの企画で汚部屋の片づけをしていると、依頼者の方々は共通して「不便なモノ」「面倒なモノ」をほぼ100％捨てています。

理由を尋ねると、「結局この先も使わない」「あってもスペースの邪魔」と口を揃えて答えます。やはり、そういうモノは使われずに収納の奥底に追いやられていくのです。

あなたのお部屋にも、使いづらいモノや機能性が劣るモノ、使うのが面倒なモノ、使い終わった後の維持管理が面倒なモノはありませんか？

例えば、体にフィットしない靴や洋服、手入れが面倒な調理器具、書きづらいペン、切れ味の悪いハサミ、調子の悪いプリンター、無駄に大きい鞄などです。それ

らのモノは、いつ使ったでしょうか?

人間は、面倒なことやストレスになることを嫌います。つまり、そういったストレスの根源になるモノは家にない方がいいのです。たとえ高額だったとしても、友人からの貰い物だとしても手放すべきです。手放すことで、生活のイライラ感やモヤモヤ感がなくなるからです。

我が家では定期的に「いらないモノ探し」をして、部屋の定期チェックをしています。モノは時間の経過とともに古くなり、壊れたり機能が落ちたりするものです。モノを大切に扱うのは前提としてありますが、不便を感じてストレスを感じるのであれば、手放し時です。

とくに玄関やキッチン、リビング、クローゼット、押し入れに不要なモノが溜まりやすいです。1~2カ月に1度を目安に定期チェックすることで、「必要なモノしかない暮らし」をすることができます。

MINIMALISM
23

捨てるが吉

もちろん、捨てることを強制したいわけではありません。あくまで僕の経験上、捨てた方が生活の質が上がったのです。大事なものは、残していいのです。僕とあなたに必要なモノは、同じではありません。

ですがあなたも、「こうなったらいいのに」「こんな生活がいいな」と思ったことはないですか？　そんな心の声を拾いとってみてください。

何かを手放すことで、必ず得られることがあります。モノを使う時の「不便さ」「不快感」「不安」は、必ず手放すべき要素だと僕は考えています。そうすれば、「便利さ」「快適」「安心」が得られるでしょう。

06

Minimalism:
How to Thrive on
¥100,000/Month

快適に暮らすモノの配置3カ条

続いて、僕が実践しているモノの配置をご紹介していきたいと思います。あなたは普段モノを配置する時、モノを収納する時に何を考えて配置しているでしょうか。僕はいかに生産的で効率的な生活をできるかを重視していて、次の3カ条を実践しています。

第1条　モノの住所を決める

まずはモノの住所を決めましょう。スッキリした快適なお部屋にする上で、モノが漂流する状態はよくありません。しっかりとモノの住所を決め、使ったら元に戻することが重要です。

モノの住所を決める際は、「使用頻度」や「よく使う場所」「大きさ」によって決めます。

まず僕がモノの住所を決める際に考えるのは、モノの使用頻度です。毎日使うモノであれば、よく使う場所に配置した方が効率的です。

ストックなどの使用頻度が低く、たまに使うモノであればできるだけ使用場所に近い収納に置いておきます。収納奥などの少し取り出しにくい場所でもかまいません。

次に僕が考えるのは「大きさ」です。例えば、大きいモノが手前に、小さいモノが奥にあると、奥に何が収納されているのかがわからなくなってしまいます。

重要なのは、何がどこにあるのかがわかる状態です。つまり、手前から小さい順にモノを配置していけば、見た目にもスッキリするでしょう。

ですので結論として、あなたが生活しやすい方法で、「使用頻度順」か「小さい順」でモノを配置してみてください。

第2条　直線上の導線には何も置かない

お部屋をスッキリさせるコツは、直線上の導線には何も置かないことです。つまり、部屋の中を曲がりくねって移動しないようにすればいいのです。

例えば、導線上に大きな家具・家電、収納などがあると窮屈感を感じ、移動や掃除の邪魔になります。なるべく部屋の入口から直線でお部屋を移動できるように、モノを配置してみてください。

そしてあまりに大きなモノを選ぶと、それこそ導線が歪んでしまうので適した大きさのモノを選ぶようにするのがオススメです。

第3条　作業導線を短くする

作業導線を短くすることも大切です。具体的には、必要なモノは1箇所まとめるということです。あちこちにモノが散らばっていると、移動距離が長くなります。

つまり、取りに行くのも使ったモノを元に戻すのも面倒になり、ダラダラと生活することになるのです。

作業導線を短くすることで、フットワークが軽くなります。必要なモノを必要な時にパッと手に取れる位置にある、使った後もすぐに戻せる。そんな暮らしが生活の質を上げてくれるはずです。

MINIMALISM

24

モノには物理的配置が存在する

07

Minimalism:
How to Thrive on
¥100,000/Month

モノが一番喜ぶのは、使うこと、見ること、触ること

僕が汚部屋を片づけていてよく思うのは、なぜこんなにも使っていないモノが収納されているのかということです。

モノが一番喜ぶのは、使うこと、見ること、触ることです。1年間で使うモノ、見て楽しむモノ、触れて楽しむモノがあれば、十分豊かで快適な暮らしができるはずなのに、多くの人はそうしようとしません。モノに執着し、なんでも残しておくのです。

大事なのは、モノへの執着ではなく愛着です。一つひとつのモノを大切に扱い、

長く愛用し、最大限生かしてあげる。それが何よりモノへの恩返しです。

なんでもかんでもモノを所有し、雑に扱ったり、存在そのものを忘れたり、すぐ壊れたりすれば、お金も時間も無駄にするだけです。

収納すれば、一見お部屋はスッキリ見えるでしょう。そしてモノがあることで、安心もするでしょう。

でも、収納するモノも最低限にしてみてください。モノを大切に使い、見て楽しみ、よく触れてほしいのです。普段使いするモノは手に取りやすい場所へ。年に数回だけ使うモノだけ、収納しましょう。

「モノを残すことが、モノを大切にしていること」だと勘違いしている方がいます。でも、存在を忘れていたら？　壊れていたら？　何年も使っていなかったら？　それは本当にモノを大切にしていると言えるでしょうか。

実際は違います。使うことが、一番モノを大事にしているのです。モノを使うことで、我々の生活が豊かになり、気分が上がり、幸せになることがあなたが一番望んでいることではないでしょうか。

僕は、直近数カ月で使うモノしか家に置かないようにしています。だからこそ一つひとつのモノを大切に扱うし、失くすこともありません。残量や備蓄がなくなればすぐに気づきます。

さらに、僕は一つひとつのモノにこだわっています。安いモノばかり買っていた時は、よく汚れたり壊れたりしていたのですが、それもなくなりました。モノに執着するのではなく、愛着が湧いてくるのです。より大切にモノを扱うようになります。そして、役目を果たしたモノ、長い間使ったことで壊れたモノは、感謝して手放すことができます。ぜひモノを使ってどう生活を楽しむかを考えてみてください。

MINIMALISM
25

モノは喜んでくれているでしょうか？

08

Minimalism:
How to Thrive on
¥100,000/Month

熱く語れる大好きなモノを見つけよう

あなたには、熱く語れるモノはありますか？　僕は持ち物こそ少ないですが、熱く語れるモノしか持っていません。必ずそのモノを買った理由と、そのモノの特徴をきちんと語ることができます。

人にそのモノの良さを伝える時、ブログやSNSで商品紹介する時、熱く語れないモノはあなたにとって大事なモノではありません。

熱く語れる大好きなモノだけ残すと、暮らしに変化が起きます。日々の生活がより楽しくなり、思考や心の状態がプラスに傾きます。辛い時や苦しい時は、癒してくれるのです。

逆に、目の前に使い勝手の悪いモノや、嫌いな人から貰ったプレゼントがあったら、どうでしょうか。あなたの思考や心の状態はマイナスに傾くはずです。

他にも、大好きなモノを持つメリットがあります。幸せは伝染するのです。あなたの大好きなモノは、周りの人も幸せにすることができます。

例えば僕は全国のミニマリストを取材し、いろいろなモノを見てきました。便利なモノや見た目がシンプルなモノ、コンパクトで軽いモノまで。実際に「コレが欲しい！」と思って買ったことで、僕の生活もかなり向上しました。

さらに、僕も多くのミニマリストに紹介したモノもあります。YouTubeでの商品紹介もそうですが、取材先のミニマリストに僕が使用している撮影機材をオススメしたりします。結果、彼らのYouTube撮影に対するモチベーションが上がったり生産性が上がるのです。

また、以前YouTubeでミニマルな財布を紹介したことがあります。価格は1個約1万円～1万4000円。まあまあ高いモノです。動画で紹介する前は7個ほどしか売れていなかった財布です。

しかし、開発者の方を取材した結果、437個販売（2020年8月現在）され、売上は実に540万円にもなりました。本当に素晴らしい商品だったからこそ、開発者の方も僕も熱く語ることができ、その熱意・情熱が視聴者に伝わったのです。開発者にとっても購入された方にとっても、幸せを共有することができました。

このように、あなたには熱く語れるモノが身の回りにあるでしょうか？

あなたが一番熱く語れるモノはなんでしょうか？

それを一番大事にしなければなりません。

僕にとって大事なモノは、仕事道具です。第1章でも説明した、スマホとiPadです。これがあるからこそ仕事が楽しく、成果に繋がっていくのです。仕事道具にかける熱い思いは、語り尽くせないほどです。

MINIMALISM

26

ミニマリズムとはモノへのこだわりでもある

第 4 章

お金が喜ぶ
ゴールデンルール

Chapter 4

8 Golden Rules for Minimalist Money

01

Minimalism:
How to Thrive on
¥100,000/Month

ミニマリストがお財布と現金を持たない理由

続いて第4章では、お金についてお話ししていきます。ミニマリストというと、お金を使わないイメージがあるかもしれません。ですが、大事なのは「お金を使わないこと」ではなく「お金との向き合い方」だったり「お金の使い方」だったりします。

ぜひ本章で、あなたのお金との向き合い方や使い方を見直すキッカケになったらと思います。

まずは、なぜ僕がお財布と現金を持ち歩かないのかについて、解説していきます。

現金のやりとりが面倒

あなたにはこんな経験はありませんか？

- ☑あれ？　鞄の中に財布がない
- ☑財布がパンパンでお金が出しにくい
- ☑小銭がたくさんあって面倒くさい
- ☑お財布をなくしてヒヤヒヤした
- ☑おつりのことを考えて支払うのが面倒
- ☑細かいおつりが返ってくると面倒
- ☑財布って、買うと高い
- ☑いい財布にすると金運が上がると思って買ったけどお金と縁がない

これは、実際に僕が財布を持っていた時に感じていたことです。僕は数年前に、それらのストレスをなくすために財布を手放しました。

悩みの根本を断ってしまえば、悩むこともなくなります。現金のやりとりがなくなれば、買い物もスムーズにできます。お財布や現金を出し入れする手間も、失くす心配もいりません。さらに、お財布自体を買わずに済むので節約にもなるのです。

お財布を持つと失くすリスクが高い

僕はお財布をなくしたことが何度かあります。中には現金はもちろん、クレジットカードが数枚と運転免許証、診察券などが入っていました。クレジットカードを悪用されたり個人情報を悪用されないか、ヒヤヒヤした覚えは誰にでもあるのではないでしょうか。

実はスーパーで買い物をした時に財布を盗まれたことがあり、警察に被害届を出しに行ったことがあります。クレジットカードや銀行のキャッシュカードを止める手続きや、財布を新たに購入したりと、非常にストレスだったのを覚えています。最終的に犯人は捕まり財布も現金も返ってきたのですが、もうこんな思いを二度としたくないと思い、僕は財布のない生活を選んだのです。

あれから一度も現金や免許証、クレジットカードをなくしたことはありませんし、盗まれたこともありません。

世界中でキャッシュレス化が進んでいる

そんな僕も、2年前は現金派の人間でした。元浪費家だったのでクレジットカードを持つのは危ないと思っていましたし、機械音痴だったので電子決済のことがよくわからず、面倒だと思っていたのです。

ですが、世の中の流れとしてキャッシュレス化が進んでいます。ヨーロッパの方では現金の取り扱いをしていないお店もあるようです。日本では他の先進国と比べて遅れをとっていますが、それでもキャッシュレス可能なお店が増えてきました。僕は支払いのほぼ9割をキャッシュレスで決済ができています。現金をほぼ必要としていません。

キャッシュレスの利点は、何より決済がスムーズになることです。1日たった数十秒、数分の無駄を削れるのです。

時代の流れがキャッシュレスに向かっているのなら、早めに慣れてしまった方が得策です。機械音痴でよくキャッシュレスがわからない人は、知っている人に聞いてみてください。

僕はキャッシュレス生活に慣れるまで数日かかりましたが、今ではキャッシュレス生活にして良かったと心から思います。

1つでもモノが少ない方がフットワークが軽くなる

あなたは身支度にどれくらい時間がかかるでしょうか？

僕の場合、持ち物が少ないので数秒で身支度が完了します。

そして、荷物が少ないのでフットワークが軽くなりました。昔は山のような荷物を持っていたので移動に疲れ果てていましたが、今では荷物が軽くなったことで行動範囲も比較できないくらい広がりました。

日本全国を旅する僕としては、荷物が多くて重いのが嫌です。荷造りや鞄の中の整理整頓、探し物、荷物が重いことによる疲れによって、行動範囲が狭まり、チャンスや成長を逃している気がしてなりません。

本来なら行けた場所、出会えた人、見られた絶景、得られた経験があるはずなのに、たった数秒の無駄や疲れが積み重なると、その絶好の機会をも失うのです。

MINIMALISM

27

現金主義からの脱却

02

Minimalism:
How to Thrive on
¥100,000/Month

キャッシュレス事情

続いては、僕のキャッシュレス事情についてお話ししていきます。僕はかれこれ2年ほどキャッシュレス生活を送っており、現金はほとんど使っていません。

僕がキャッシュレス生活になったのは、お財布を盗まれたことがキッカケです。お財布を持つから、落としたり盗まれたりするリスクが出てくる。であれば、持たない方がいいと思い、少しずつキャッシュレス生活ができるように調整していきました。

まず僕がしたことは、お財布の中の整理です。必要なモノとそうでないモノを分けていきます。

診察券は財布から取り出し、医療ボックスに収納(今では病院に行くことがないので保険証だけ残して他は処分)。クレジットカードも2枚まで絞りました。

現在、僕はオリコ・ザ・ポイント（JCBカード）とエポスカード（VISAカード）の2枚を持っています。お店によって使用できるクレジットカードが異なるので、JCBとVISAにしています。

エポスカードは最近つくったカードで、家賃の支払いもこのカードで行っており、家賃の支払いでもポイントが貯まっていきます。家賃は必ず払うものですので、こちらのカードに決めました。普段の決済は、オリコ・ザ・ポイントのQUICPay（クイックペイ）という電子決済機能があるので、Apple Payに登録しておき、スマホでタッチして決済することが多いです。

電車に乗る時は、Suicaを事前にApple Payに登録しておけば、改札口のところでスマホをタッチするだけでいいのでチケットレスで入退場できます。新幹線も、スマートEXというアプリを使ってチケットを購入すれば、チケットレスで入退場ができてしまいます。問題はお財布を手放した後、クレジットカードなどをどう持ち歩くかでした。財布の代わりになるモノはないかを考えた時に、スマホケースが思い浮かびました。手帳型のスマホケースを使うことで、カードが数枚とレシートや現金も少し収納が可能になります。

そして、スマホケースには身分証明として運転免許証を持ち歩いています。僕は都内に引っ越してきて車を手放したので普段の生活では必要ないのですが、役場や契約の時に身分証明が必要になるので運転免許証を念のため所持しています。

最後に、ネットショッピングや外食などで電子決済ができない場合は、クレジットカードを使用するようにしています。着払いや現金払いをすることはほとんどありません。ですが、たまに現金が必要となる機会もゼロではないので、スマホケースに１０００円の現金を忍ばせています。

MINIMALISM

28

財布も身軽に

03

Minimalism:
How to Thrive on
¥100,000/Month

ポイントカードを持つとお金も時間もなくなる

僕は今でこそポイントカードは1枚も持っていません。理由はシンプルに、**ポイントカードを持つと貧乏になるから**です。

きっと多くの人は、ポイントカードを使えば「節約になる」と思っているでしょう。ですが、よく考えてみてください。企業はなぜポイントカードをお客様につくらせるのか。

理由はシンプルに売上を上げるためです。お客様を得させようという考えでつくってはいません。ポイントカードをつくることでお客様を囲い込み、定期的に買っていただくための戦略です。これがまさに、消費社会の罠です。

ですので、僕はお金も時間も無駄にするポイントカードは持っていませんし、無理してポイントを貯めることはしません。具体的な理由は、下記のとおりです。

ポイントカードをつくる時間がもったいない

さて、あなたはポイントカードを今までに何枚つくってきたでしょうか。新しいお店に行くごとに、ポイントカードをつくっている方は、もしかしたら100枚以上つくっているかもしれません。ポイントカードをつくるのに1枚10分ほどの時間がかかったとすると、合計1000分の時間がかかったことになります。時間に換算すると約17時間です。果たして、17時間かけてつくったポイントから、いくらお得になったのでしょうか。僕は、17時間働いて稼いでしまった方が、結果的にお金が増えるように思えるのです。

ポイントカードが何十枚もある人は、支払いの時にいちいち探していないでしょうか。僕がサービス業をしていた時、お財布の中にカードが山のように入っているお客さんがいましたが、ポイントカードを探すのに何分もかかっていました。

確かにポイントカードで多少の節約になるのかもしれませんが、時間の節約にはなりません。逆に、たった数秒、数分の読書を積み重ねれば、収入が上がる可能性だってあるわけです。

固定のお店でしか買えない非効率な生活

ポイントカードを持つと、そのポイントを使うために固定のお店に行かなければいけません。そのお店で買ってポイントを使わないと損した気がするからです。ですが、それでは場所とお店に縛られて非効率な生活になってしまいますし、実は損している可能性もあります。

他のお店により安い商品、より良い商品があるかもしれないのに、ポイントカードをつくったお店に固定されてしまえば、それらを買うチャンスが失われてしまうのです。

そしてもうひとつ、あなたにお伝えしておきたいことがあります。あなたの１秒の価値はいくらでしょうか。

仮に月給20万円のサラリーマンは、週5日8時間労働で、20日働くとします。月１６０時間働く計算になるので、時給は１２５０円。１秒あたり０・35円です。

お店をはしごする手間、ポイントカードをつくる手間、探す手間を考えた時に、本当にポイントカードは節約に有効な手段なのかを一度見直すべきです。

10分（６００秒）の手間がかかれば、１秒０・35円の価値がある人なら２１０円損していることになります。実際に２１０円分のポイントを貯めることと、２１０円分の時間を損すること、あなたはどちらに価値を感じるでしょうか。

あなたの命には限りがあり、失った時間は絶対に取り戻せないことを忘れてはいけません。失った時間以上の価値が得られる場合のみ、節約をするべきです。

ポイント○倍デーで出費も消費する時間が増える

よくお店の広告に、「ポイント○倍デー」というお知らせがありますが、はたしてそれは本当に「お得」でしょうか。もちろん、いつもと同じ商品を同じ個数買うのであれば、お得かもしれません。

ですが多くの人は、お得だからといって「ついでに買ってしまうモノ」が増えがちです。結局出費は増え、お店の売上に貢献しているのです。

本当にそれらを買って使っているでしょうか。なくても困らないものではないですか？　結局一度も使わずに捨ててしまった経験はないでしょうか。家事の手間にならないですか？　そもそも、貯めたポイントは使っていますか？

ポイントに踊らされている人は、時間もお金も失います。節約だと思い込んでいると、結局手元にはお金も時間も残らないのです。

僕はポイント生活をやめてから買い物の時間も減り、ポイントに左右されず必要なモノだけを買えるようになりました。つまり、余計なモノは増えず、生産性のない時間を減らすことができたのです。

すべてのポイントがダメというわけではありませんが、企業戦略に乗せられていないか、本当にそのポイントに価値があるのかを一度考えてみてください。

MINIMALISM

29

ポイントの誘惑を捨てる

04

Minimalism:
How to Thrive on
¥100,000/Month

一瞬で浪費家から節約家になれる家計簿のつけ方

YouTubeの企画で、家計簿相談をしたことがあります。この企画では、依頼者の家計簿を見させていただき、僕がアドバイスするというものです。

浪費家でお金が全然貯まらない人は決まって、家計管理ができていません。お金の管理が甘いのです。でも、僕の相談を受けて生活費を10万円以上節約し、副業を始め、収入を増やし、多額の借金を1年も経たずに返済した強者までいました。

そこで今回は、僕が浪費家の家計簿を修正する際に共通してアドバイスするポイントをまとめました。

現状を知るために家計簿をつける

これはごく当たり前のことですが、お金が貯まらない人ほど家計簿をつけていません。仮に家計簿をつけていたとしても、金額が曖昧でテキトーにつけている人が多いようです。

貯金や節約生活はダイエットと同じで、まず現状を数値化することが大事です。現在の生活費はもちろん、どれくらい銀行口座に貯金が残っているのかをしっかり把握しましょう。

固定費はいくらか、変動費はいくらか

次のステップとしては、固定費の確認です。固定費は、生きていく上で必ずかか

る費用です。たとえあなたの収入がゼロになったとしても、支払わなければなりません。具体的には、住居費や通信費、光熱費、保険、サブスクリプション、ローン、新聞費、ＮＨＫ、習い事などです。

今一度、毎月の固定費にいくらかかっているのかを確認しましょう。そして、もしあなたが無駄だと思う固定費、使っていないサービスがあれば、すぐに解約して少しでも固定費を削減するべきです。

次に確認するべきは、変動費です。毎月の支出は変動するものの、来月の出費を予測するためにも、しっかり家計簿をつけて把握しましょう。

家計簿をつけることが面倒な方も多いですが、家計簿アプリで簡単に家計簿をつけることもできますので、ぜひ活用してみてください。

毎月の借金やローンはいくらか

さて、次に確認するべきことは、あなたにはどの借金がどれだけあるのか、そしていつまでに返済できるのか、ということです。

浪費家の方は、意外にもご自身の借金額が把握できておらず、中には「いつか返済できるから」という曖昧な理由で借金が膨れ上がっているケースもあります。一度、現状を把握するためにも、多少面倒かもしれませんが確認しておきましょう。

僕も以前は奨学金や自動車ローン、資格取得によるローン返済がありました。総額350万円ほどです。当然ながら利息もあります。

借金額が膨れ上がるほど、心に余裕はなくなり焦る気持ちが出てきます。僕はそれが原因で30万円ほどの情報商材に手を出し、詐欺に遭い、余計にお金を失ったのです。

借金をすることがすべて悪いとは言いませんが、しないに越したことはありません。できるだけ早く返済するためにも、いったい自分がいつ返済できるのか、どれくらいの借金があるのかを把握しておきましょう。毎月の借金返済額が少なくなれば、かなり余裕のある生活になるはずです。

予算を決める

1カ月の生活費が把握できたら次にすべきことは、予算を決めることです。あなたの収入に見合った予算を組みましょう。

まずあなたがすべきことは先取り貯金です。収入の10%は、最低でも貯金に回すようにしてください。そして残りの90%で生活が回せるように予算を組むのです。

なぜ10%なのかといえば、サラリーマンの生涯年収は約2億円と言われています。この数値を逆算すると、20歳から65歳まで働けば、45年間の平均年収は445万円になります。もしあなたが年収の10%を貯金し続けていれば、最低でも2000万円は貯金できます。そして、病気などで働けなくなったり、急な出費があっても払えるように、最低限の貯金はするべきです。

生活費の予算は、最初はざっくりでもかまいません。大事なのは、家計簿を毎月定期的に見直し続けることです。

結果をフィードバックし、お金の使い方に優先順位を

1カ月家計簿をつけて、予算オーバーした内訳と、予算通りの支出に収まった内訳があると思います。翌月も収入の90%で生活ができるように、お金の使い道に優先順位をつけましょう。

その月で最も大きかった支出から見直していくのがオススメです。好きなことや将来への投資になることにはお金をかけて、それ以外の支出は節約していきましょう。

収入の10％を貯金に回し、残りの90％で生活を回せるようになれば、ひとまず浪費家は卒業したと言えるでしょう。

もし次のステージに上がりたければ、収入の10％を貯金に回し、さらに収入の10％を自己投資に回しましょう。そして、収入の80％で生活を回すのです。

さらにお金を増やしたい方は、積立NISA（ニーサ）やiDeCo（イデコ）、インデックス投資について勉強してみるのもオススメです。

MINIMALISM

30

家計簿から ライフスタイルを見直す

05

Minimalism:
How to Thrive on
¥100,000/Month

ミニマリストがお金をかけない支出

続いて、ミニマリストの多くが無駄だと思う支出をご紹介します。

日用品

日常生活で必要なモノが多ければ多いほど、手元からお金が減っていくことになります。いわゆる、人間が暮らしていく上で必要な支出（消費）なわけですが、将来のリターンがないので僕はお金をかけたいとは思いません。

そして日用品に関していえば、浪費家でお金がない人ほど新しいモノばかり買います。まだ使えるモノがあるのに、今使っているモノがあるのに、物欲に身を任せて買い物をしているのです。本当にそのような生活で、お金が貯まるのでしょうか。

僕は「将来への投資」になるモノ以外、基本的に新しいモノは買わず同じモノを買います。さらに、スーパーや薬局で買い物をする時は安いモノを買います。決まったモノを安く買うことで節約になり、そのぶん手元にはお金が残るのです。

洋服

あなたは被服費に毎月いくらお金を使っているでしょうか。一般的な人だと月2万円ほど使っているようです。年間にすると24万円。10年で240万円です。はたして、そんなにも服は必要でしょうか。今持っている服だけでも暮らせるはずだと僕は思うのです。

僕は年間で10着ほどの服しか着ません。少し極端かもしれませんが、僕のライフスタイルではそこまで服を必要としないからです。ですので、年間の被服費は最大10万円くらい。年に4回ほどしか買いません。だから、一般の被服費の半分で済むのです。

正直、毎日同じ服を着ていても周りはそこまで気にしていません。例えばあなたも、昨日お会いした方の服装を完璧に思い出せるでしょうか。

ある程度節度があり、清潔感のある服装であれば、そこまで多くの服は必要ないのです。

銀行手数料、ATM手数料

昔の僕は、手数料を甘く見ていました。たった数百円と思って、月に何回もお金を下ろしていたのです。ですが、無意識にしていることが、月に数千円、年間で1万円以上の手数料を取られているのです。

もちろん、緊急の時は仕方ありませんが、それが常習的になってしまうのは問題です。

今でこそ僕は、キャッシュレス生活をするようになって現金を持たなくなったので、銀行手数料やATM手数料もゼロになりました。

手数料はなんのメリットもありません。できるだけ手数料を減らせるように、予算額以上にお金を使わない生活にするか、キャッシュレス生活で現金を持たない暮らしに移行することが大事かもしれません。

宝くじ

僕が宝くじを買わない理由は、高額当選の確率が限りなく低いこと、そして回収率も低いからです。ある大物YouTuberが100万円分の宝くじを買っても、20〜30万円ほどしか戻ってきませんでした。それだけ宝くじは当たらないのです。

もちろん年に数回、数千円の楽しみを買うのはいいかもしれません。買わなければ当たらないですし、中にはたまたま買った宝くじが当選して人生を変える人もいるからです。

ですがあくまで僕の場合、その数千円を自己投資に回し、年収1000万円稼げるようになった方が毎年高額のお金が入ってくるようになるのです。

お金を宝くじで増やすより、お金を生み出す力を身につけた方が、時間はかかるかもしれませんが現実的だと思います。

パチンコ、タバコ

僕はパチンコもタバコもしません。理由は、依存性が強く、時間もお金も無駄にしてしまうからです。

とくにタバコは健康にも悪いですし、がんのリスクや集中力低下の原因にもなります。当然、お金もかかります。

我々人間にとって、「健康」「時間」「お金」は大事な資産です。その大事な資産を失うものに、僕はお金を投じることはできません。

見栄

僕が見栄のためにお金をかけたくないと思うのは、際限なく、永遠にお金を使い続けることになるからです。

昔の僕は、「人からよく思われたい」「お金持ちに見られたい」と思って、高級腕時計やブランドものの財布を持ち歩いていました。大したお金持ちでもないのにです。身の丈に合わないお金の使い方をしていたからこそ、貧乏生活をずっと送っていました。

ですが、見栄のために使っていたお金を自己投資や事業投資に使えば、収入も上がって経済的に豊かになれる可能性も高まるのです。

僕は今でこそ年収が1000万円を超えましたが、見栄を張りたいとも、ブランドものや高級品を買いたいとも思いません。

むしろ、好きなモノややりたいこと、自己実現のためにお金と時間を使いたいのです。見栄を張っても、なんの役にも立ちません。

車のローンと維持費

僕はミニマリストを目指し始めた頃から、ずっと車を手放したいと思っていました。理由は、購入費やガソリン代はもちろん、保険や税金、車検など、生涯にわたってお金がかかるからです。

もちろん、住む地域や家族構成によっては車が必要なご家庭もあるでしょう。そして、車を持つことで得られる恩恵もあります。

ですが、僕の中では車を持つことで失うチャンスの方が多いように感じるのです。車を手放してアクセスのいい環境に引っ越したことで節約にもなりましたし、車にかかる費用分を自己投資や挑戦、人とのご縁に使ったことで、人生の質が向上したのです。

当然ながら、電車や新幹線、飛行機、レンタカーを利用すれば、いろんな場所に遊びに行くことができます。

今の時代、車を所有するか否かを選べる時代です。住む地域や働き方、家計状況など、すべては一人ひとりの「選択」によって決まるのです。

マイホーム（住宅ローン）

世代にもよると思いますが、最近の20代のミニマリストはマイホームを持ちたがりません。

僕がマイホームを買いたくない理由は、ひとつに多額の借金を背負うことになるからです。若いうちから数千万円する家を購入することは、経済的な負担にもなりますし、何より人生の選択肢も狭まってしまいます。毎月支払うローンによって、退職・転職も気軽にできなくなり、住む場所が固定されることで行動範囲も狭まってしまいます。

よく、「同じ家賃を払うならマイホームを買った方がいい」という意見もありますが、僕は全くそう思いません。自身の経済状況は常に変化する時代です。その時々の収入や家計状況によって生活水準を変えられる賃貸の方が、メリットが大きいように思えます。

そしてマイホームには、固定資産税や維持管理費、保険などの費用も必要です。2020年春、新型コロナの影響で緊急事態宣言が出ました。減給や失業によってローン返済ができない人がいたのも事実です。つまり、不安定な時代をより安心して生きていくためにも、臨機応変に暮らし方を変えられる賃貸の方が、僕は安心して暮らせます。

保険

保険の役割を皆さんご存じでしょうか。多くの人は「万が一のために入っておくもの」と曖昧な答えしか出てきません。それでは、本当に必要かどうかの見極めとしては相応しくないのです。

一番の目的は、「確率は低いけど、万が一の大損害が起きた時に必要」なのが保険です。

例えば、僕が必要と考える保険は、自動車保険や火災保険です。事故や火災が起きる確率は低いけど、万が一の時は数千万単位で費用が必要になるケースがあります。数千万単位でお金がかかる場合、並大抵の人は払えません。だから、保険が必要です。

ですが、日本には公的な社会保険、つまり健康保険や高額医療制度、傷病手当、失業保険などが充実しています。つまり、あなたが病気や怪我、入院・手術をした際の損失が数十万円なら、貯金で備えておいた方が毎月保険料を支払うよりお得だったりするのです。

結論、自動車保険や火災保険のように、万が一の損失が大きくて社会保険で補えない場合は民間の保険に頼り、病気や怪我などで比較的損失が小さい場合は貯金で備えておくのがベストな選択だと言えます。

MINIMALISM

31

世間の常識は非常識として捉えてみる

06

Minimalism:
How to Thrive on
¥100,000/Month

浪費貧乏になる人の特徴

ここでは、実はお金を遠ざけてしまう「NG節約法」をご紹介したいと思います。節約しているはずなのに、なぜかお金が貯まらないという人は、必ず原因があるのでぜひ参考にしてみてください。

「買わなきゃ損」は無駄使い

日用品や食料品、雑貨、薬などは、「買わなきゃ損」と思わせるお得なモノが多いです。例えば、タイムセールや期間限定、今回限り、まとめ買い割引、福袋、送料無料、ポイント・クーポンの有効期限など、様々なやり方で企業は消費者の購買意欲を高め、モノを買わせようとしてくるのです。

買う・買わないの見極めポイントは、下記の3つです。

①この1週間で使うかどうか

直近で使う予定があるモノは買ってもいいのですが、「使いそう」「いつか使えるかも」「今がお得だから」という理由で買ってしまうと、結局手元からお金が離れていきます。直近で使うモノだけ買うようにすれば、それが節約になるのです。

②季節外れのモノは買わない

季節外れのモノは安くなりがちですが、これも使う時に買うべきです。シーズン外のモノは買ってすぐに収納されてしまうので、存在そのものを忘れる可能性が高くなります。

③期間限定に惑わされず、必要な時に必要な分だけ買う

期間限定のモノも、時期を逃すと買えなくなるので「今のうちに買っておこう」という心理が働きます。しかし、「期間限定」で買ったモノは意外と使いません。

「心と体の健康を損なう節約」は逆効果

いくらお金を貯めたいとはいえ、心と体の健康を損なってしまっては、元も子もありません。節約生活が辛く苦しいものになってしまえば、節約を継続するのが難しくなってしまうからです。

例えば、趣味を我慢する、食費を削る、医療費を削る、水道光熱費を削る、外食

は絶対にしない、交通費をケチる、交際費をケチる、などです。全部がＮＧというわけではなく、人それぞれ我慢しすぎてストレスを溜めすぎることは控えてほしいのです。我慢のし過ぎはストレスが溜まり、結果的に浪費の原因になって節約の逆効果になります。

ミニマリスト流オススメの節約術は、メリハリのあるお金の使い方をすることです。趣味や好きなことは、ほどほどに楽しむようにしてください。そして、健康につながることや時間の節約になること、ストレスが減らせることにお金を使うのです。

つまり、「健康」「好きなこと」「時短できること」「ストレス発散」にお金を回すために、優先度の低い犠牲にできる支出を節約するのです。

安物買いの銭失い

節約すること自体が目的になってしまうと、買う理由が「安いから」になってしまいます。必要かどうかを見極めるためには、「使う」か「使わない」、または機能性で選ぶことをオススメします。

安いモノでも便利なモノはありますが、中にはすぐに壊れてしまい、機能性が悪くて使わなくなったモノもあります。

安い商品は手を出しやすいですが、それを山のように買ってしまえば結局手元にお金は残らないので注意が必要です。


ということで、ここで皆さんに伝えたいことは、無理なく効率的に節約することがミニマリスト生活を一番長続きさせる秘訣であり、結果的にお金も時間も貯まっていくということです。最小限の努力で最大限の結果を得るために、ぜひ参考にしてみてください。

MINIMALISM

32

「安い」「お得」は本質ではない

07

Minimalism:
How to Thrive on
¥100,000/Month

節約や貯金をする前に必ずしてほしいこと

あなたが節約や貯金をする理由はなんでしょうか。そして、今年の目標や10年後の目標はなんでしょうか。何事も、目的や目標を明確にした方が、モチベーションも上がりやすくなります。逆に、目的も目標もなく節約・貯金をしてしまうと、途中で挫折しやすくなるのです。

当たり前のように聞こえると思いますが、家計管理がうまくいっていない人ほど節約や貯金ができていない傾向があります。

まずは「なぜ貯金や節約をするのか」という目的を明確にしましょう。例えば、1年後に世界を旅したい、どうしても買いたいモノがある、病気になって働けなくなった時のための生活資金、老後資金、新規事業の軍資金にしたい、嫌なことをやめて好きなことをし続ける暮らしをしたい、などです。これは実際に僕が貯金・節約している理由です。

次に、その目的を達成するために目標を立てるのです。この目標も、**短期的な目標と長期的な目標を立ててみてください。**まずは長期的な目標を立てましょう。

現在僕は29歳ですので、36年後の65歳を迎えた時に最低でも３５００万円の貯金をしておきたいと考えています。理由は老後資金として約２０００万円が必要なこと、そしてこの先、年間１００万円ずつ貯蓄していけば確実に３５００万円を貯めることができるからです。つまり、僕は今後年間１００万円（月に約9万円）は確実に貯金するという短期的目標も立てることができました。もちろん、収入の10～20％ほどの貯金が理想的です。

次により具体的な短期的目標ですが、生活資金についてです。まずは万が一の急な支出、病気などで働けなくなった時の生活防衛資金を貯めておく必要があると思います。個人差はあると思いますが、せめて生活費の半年分、可能であれば1年分を貯めましょう。ご自身の健康状態や経済状況、将来設計などを考慮に入れながら設定してみてください。

そして僕が節約・貯金する理由のひとつが、世界旅行や事業投資です。具体的にどれくらい必要なのかを計算し、目標を立てました。年に1回海外旅行に行くなら、1人30万円ほどあれば行けてしまいます。世界一周なら、300万円あれば十分可能です。

新規事業の軍資金についても、数十万円~数百万円あればできてしまいます。ただ僕は、初期投資はできる限りゼロに近づけたい、スモールステップで小さく始めていこうと考えています。いきなり規模の大きなビジネスを始めると、時間的余裕も金銭的余裕もなくなるからです。

ですので僕が新規事業をする上で考えたことは、まずは新規事業で失敗してもいいように既存の事業を安定させること。そしてできるだけ初期投資をかけずにできる事業からスタートして、お金のかかる事業の軍資金を貯めること。さらに、先ほども言ったように万が一すべての事業が失敗してもいいように、生活費1年分の貯金はしておきたいと考えました。

このように、あなたがなぜ節約・貯金するのかという目的と、具体的な数値目標を短期・長期で考えてみてください。

MINIMALISM

33

あなたの人生の目標はなんですか？

08

Minimalism:
How to Thrive on
¥100,000/Month

お金持ちから学んだお金に好かれる習慣

昔の僕は、収入が低い時になんでもかんでも節約していましたが、むしろ逆効果になっていました。ストレスが溜まり、節約・貯金生活が長く続かない。浪費ばかりで生活に余裕もなく、収入も上がらない。

そんな貧乏時代を脱却しようと、お金持ちや成功者から学び、実践してきたことをご紹介していきます。貯金も収入も増えていく、お金の循環を生み出す習慣をぜひ参考にしてみてください。

節約になるモノを

買わないことが一番の節約であることは明白ですが、もし買うのであれば節約になるモノを買った方がお得なのは言うまでもありません。もちろん、「節約になる」からといってモノをたくさん買ってしまっては本末転倒です。買いすぎには注意してください。

ここでは、買うことで節約になるモノの代表例を4つご紹介します。

① スマホは格安SIMに変える

あなたは今、どこのキャリアの携帯を使っているでしょうか。通信費は固定費の中で一番初めに見直すべき支出と言っても過言ではありません。もし毎月の生活費を節約したいのであれば、スマホを格安SIMに変更することをオススメします。

大手キャリア同士では大差はないですが、「格安ＳＩＭ」に乗り換えればそれだけで毎月５０００円以上の節約になるのです。

② 家賃の安い部屋に引っ越す

生活費の中で最も支出額が高いのは、きっと家賃だと思います。マイホームと違い、賃貸は家族構成や転勤・転職、経済状況によって家のグレードを変えられるのが最大のメリットです。

目安として、あなたの収入の20〜30％以内に家賃を抑えましょう。それ以上高くなってしまうと、家計状況はかなり厳しくなります。

もし可能であれば実家に住まわせてもらったり、同棲やルームシェアなどをして家賃を折半できれば、家計はとても助かるはずです。

③安くて健康的な食材を買う

食費の節約でよくやりがちなのは、インスタント食品やファーストフードを食べることです。時短で食べられる利便性はありますが、はたしてそれは本当に節約になるでしょうか。

健康を蔑ろにして10年後、20年後に医療費が高くなってしまっては、今までの節約生活が水の泡になってしまいます。つまり、健康でいることが一番の節約になるのです。

したがって、食費を節約する際は安くて健康的な食材を選ぶことをオススメします。例えば、もやしや鶏肉、納豆や豆腐、割引きのお刺身などです。もちろん、栄養の偏りがないようにしてほしいのですが、健康的で安い食材を中心に取り入れれば一石二鳥です。

④ＬＥＤ照明に買い替える

あなたの家では、どんな照明を使っているでしょうか。我が家ではすべての照明をＬＥＤにしています。購入金額こそ高いものの、ＬＥＤ照明は長持ちするので、蛍光灯や電球と違って取り替えの必要がなく節約になります。また、ＬＥＤは電気代の節約にもなるのでオススメです。

時間を生み出すモノを

時間を生み出すことが、結果的に節約になることがあります。家事や仕事などが忙しく、ストレスが溜まってしまえば浪費をしかねません。

さらに時間を生み出すことで、ゆっくり休むこともできますし、趣味で気分転換をしたり、副業で収入を増やすこともできます。

では、具体的にどういったものが時間の節約になるのでしょうか。

①乾燥機つき洗濯機

第1章のところでもお話ししましたが、洗濯乾燥機は本当にオススメです。洗濯が終わるのを待つストレスがなくなり、干す手間もなくなります。

②調理家電

僕はミニマリストですが、調理家電を持っています。その理由は、時間の節約をしたいからです。当然ながら、電子レンジや電気ケトル、炊飯器、冷蔵庫を持つことで生活の効率性が上がります。

③ 自動お掃除ロボット

第5章でも紹介しますが、お掃除が嫌な人はぜひ購入することをオススメします。掃除機やクイックルワイパー、コロコロなどで掃除をしなくても、床にモノがなければ自動でお掃除をしてくれる優れものです。

④ 水切りマット、水切りスノコ

第2章でも紹介しましたが、我が家では「食器を拭く」という家事をなくしました。水切りマットや水切りスノコを使うことで、食器を自然乾燥させています。毎日食後に食器を拭く家事をやめれば、1日数分の時間の節約になるのです。

⑤ネットショッピング

一見、浪費につながりそうですが、時間を生み出すことができるのがネットショッピングです。我が家では食材を除き、日用品や消耗品をよく楽天やAmazonで買っています。送料はかかりますが、必要なモノをまとめて届けてくれるので買い物に出かける手間もなくなりました。少しでもお金に余裕があり、時間を生み出したい方はオススメです。

スキルや知識、経験が得られるモノを

もしあなたがひとり暮らしで、生活費10万円ほどで生活をしているのであれば、これ以上の節約はなかなか難しいでしょう。節約にも限度があるからです。

そこで、次にあなたがやるべきことは、自己投資です。スキルや知識を得られる

ものにお金を使えば、将来的に収入が上がっていきます。

逆に自己投資をしなければ収入は上がりません。その結果、苦しい節約生活がずっと続き、貯金できる額も限られてくるでしょう。

目安としては、収入の10％を自己投資にまわすのが理想です。僕が実際に使っている自己投資は下記の3つです。

① 本を積極的に読む

本には成功の秘訣がたくさん隠されています。著者の失敗経験や成功体験から学べることは多いので、僕は積極的に本を読むようにしています。現代の成功者たちはみな、必ず誰かから学んでいるのです。学ばずに、人生がうまくいくはずがありません。

②YouTubeで積極的に学ぶ

最近だと、ビジネス系YouTuberの動画で学ぶことも多くなってきました。自己啓発系からマネジメント、マーケティング、SNS発信、投資の話まで、本来有料の情報が無料で観られる時代になっているのです。彼らから学ばない手はありません。

③人に積極的に会う

僕はほぼ毎日誰かに会うようにしています。イベントやセミナーに参加するのはもちろん、全国のミニマリストやYouTuber、専門家、尊敬する人たちと会って情報交換するのです。

いろんな話を聞くことで自身の知識が洗練されていき、話の幅も広がります。時には仕事を紹介してもらえたり、すごい人を紹介してもらえたりもするので、人生がみるみる変わっていくのを実感できるようになりました。

④ 新しい経験にお金を使う

新たな経験を増やすことは、プライベートはもちろん仕事にも活きてきます。今、何かを変えたければ、今までにない挑戦をしなければ成功はあり得ません。

例えば、行ったことがない場所に出かけたり、食べたことのないご飯を食べたり、新しい人脈、新しい仕事、新しいスキル、新しい趣味、新しい本、持ち物のグレードアップ、引越しなどです。

新しいことを求める習慣を身につけていけば、道が切り拓けることでしょう。視野が広がり、思考も変わり、行動・習慣も変わっていくからです。そして、数多くの経験が自信や心の豊かさにもつながるのです。

仕事道具にはお金をかける

仕事道具にお金をかけない人は、絶対に収入は上がりません。生産性が上がらず、いつまでも非効率な仕事になり、モチベーションも下がっていくからです。

仕事道具を買う上でのポイントは、あなたよりワンランク上のレベル、もしくはツーランク上のレベルの人が使っている仕事道具にバージョンアップすることです。

あなたより実績を出している人の持ち物をよく観察するようにしてみてください。そして可能なら、なぜそのアイテムを使っているのか？　理由を聞いてみるといいでしょう。きっとそこには合理的な理由があるはずです。

僕も仕事道具には惜しみなくお金をかけてきました。巻頭イラスト、第1章でも紹介した、iPad Proや最新のiPhone、AirPods Pro、リュックサックなどです。お気に入りの仕事道具で仕事するからこそ、モチベーションも生産性も上がるのです。

人によっては、仕事を外注して時間を生み出したり、プロに任せて仕事の質を高めたりすることもオススメです。
ぜひ、ご自身の経済状況と相談しながら、無理のない範囲で仕事道具にお金をかけてみてください。

MINIMALISM
34

あなたが選ぶモノ、一つひとつに人生の哲学がある

第5章

ミニマリストたちが選んだベストアイテム45

Chapter 5

45 Must-Have Minimalist Items

ミニマリスト必須アイテム
45 Must-Have Minimalist Items

ウタマロクリーナー（東邦）

11/45

家中のお掃除がこれ1本でできてしまうミニマルなアイテム。トイレ用洗剤やキッチン用洗剤、お風呂用洗剤、重そうやクエン酸などを手放している人も多くいます。

実際に僕は、トイレもキッチンも、お風呂場、電子レンジ、窓ガラス、床や家具も、家中の掃除をこれだけで行っていますが、全く問題ありません。（注：水拭きできないモノなどには使えません）。油汚れや水アカ、湯アカ、手アカもしっかり落としてくれます。こういった万能クリーナーは持っておくと便利です。

これ1本でお掃除ができれば、何種類もの洗剤を揃える必要もなくなるので、買い物の手間もなくなり、節約にもなります。そして、洗剤の残量やストックをいちいち気にする必要がなくなるのです。

12/45

ミニマリスト必須アイテム
45 Must-Have Minimalist Items

ワンタッチ式折り畳み傘

ワンタッチで開閉できる折り畳み傘。ボタンひとつで片手でも簡単に開閉できる手軽さと、傘の開閉で手が濡れることがありません。カバンの中に常備させておけば急な雨でビニール傘を買うこともなくなり節約になります。

僕はこのワンタッチ式の折り畳み傘を1本だけ所有しており、他にビニール傘などの傘は持っていません。

大雨の日でも、多少風が強い日でも心配ありません。丈夫な構造になっているので軽くはないですが、その反面、持ち物が減る身軽さが手に入ります。

意外と軽視されがちな傘ですが、お気に入りの傘と出会えば、その利便性と存在に驚くでしょう。あなたもワンタッチ式の折り畳み傘にこだわってみてはいかがですか。

トイレットペーパー消臭タイプ（エリエール消臭＋）

13/45

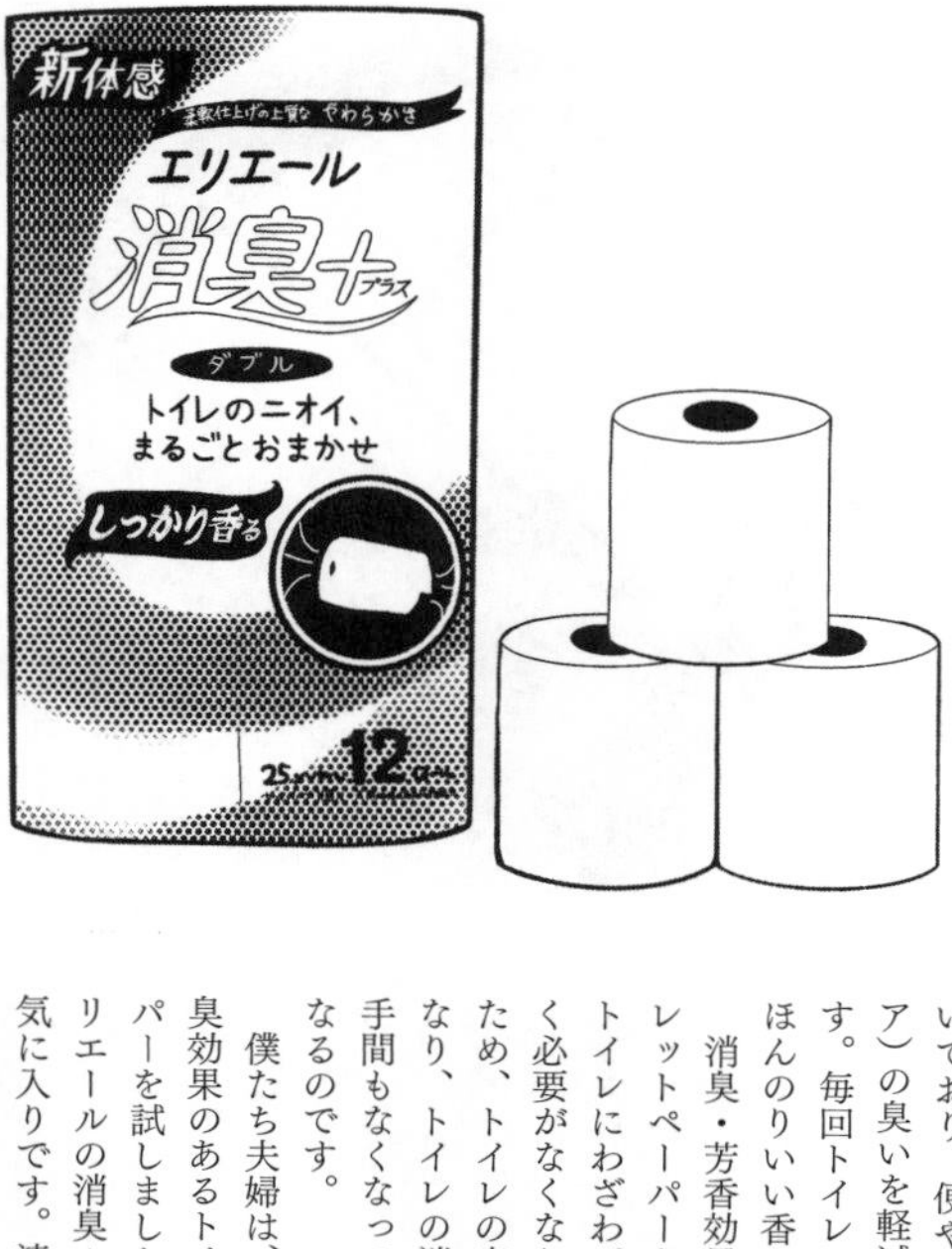

消臭効果のあるトイレットペーパー。トイレットペーパーの芯に消臭剤・香料がついており、便や尿（アンモニア）の臭いを軽減してくれます。毎回トイレに入るたびにほんのりいい香りがします。

消臭・芳香効果のあるトイレットペーパーを使うことで、トイレにわざわざ消臭剤を置く必要がなくなります。そのため、トイレの床掃除が楽になり、トイレの消臭剤を買う手間もなくなって、節約にもなるのです。

僕たち夫婦は、いろんな消臭効果のあるトイレットペーパーを試しましたが、このエリエールの消臭＋が一番のお気に入りです。清潔感のあるフレッシュな香りが、ほんのり香るところがポイントです。やや割高ですが、試してみる価値ありです。

14
45

ミニマリスト必須アイテム
45 Must-Have Minimalist Items

小型モバイルバッテリー（iWALK）

ミニマリストに人気のモバイルバッテリー（iPhone用）。口紅サイズの非常にコンパクトな大きさで、持ち運びに便利。Lightningコネクター内蔵型なので、充電ケーブルを持ち歩かなくてもiPhoneやAirPodsなどを充電できます。

iPhoneの充電残量が50％を切ると心配な方や、モバイルバッテリーの大きさ・重さが気になる方にオススメ。スマホであれば約1回フル充電が可能です（容量：３３００ｍＡｈ）。日常用の予備電源として最適です。

さらに、スマホを充電しながらモバイルバッテリー本体へ給電することが可能。就寝前に、バッテリー本体とスマホを充電すれば、朝には２台とも満充電になります。

充電器のサイズや容量は意外と選定するのが難しいです。

ミニマリスト必須アイテム
45 Must-Have Minimalist Items

ライスクッカーミニ（コイズミ）

15/45

新生活のひとり暮らしや夫婦二人暮らしにオススメ。最大1・5合炊飯、20分で炊けるので、忙しい朝食、遅い夕食にとても助かります。短い時間でいつでも炊き立てのご飯が食べられるのはいいですよね。

そしてミニマリストに好まれるもうひとつの理由が、コンパクトで置き場所を取らない、持ち運びができるサイズ感です。そしてシンプルなデザイン。操作もしやすく、ご飯を炊き過ぎて食べ残す心配も減ると思います。

普段の生活で食生活を楽しみたい。でもキッチン周りをスッキリさせたい方にはオススメの調理器具です。キッチンをスッキリさせるポイントは、できるだけコンパクトなモノで構成し、色を統一することです。

16/45

ミニマリスト必須アイテム
45 Must-Have Minimalist Items

コードレス掃除機

コンセントの抜き差しが不要で、コードの長さを気にすることなく一気に家中のお掃除ができます。我が家にあるマキタのコードレス掃除機は軽くて使いやすく、掃除の効率化ができました。掃除中のコンセントの抜き差しや、コードの巻き取り、絡まりがストレスな方にオススメ。

連続使用時間は、パワフル状態で約10分、標準状態で約25分です（バッテリーの充電状態や作業条件によって異なります）。

また、コンパクトサイズなので場所もとりませんし、シンプルなデザインなのでインテリアの邪魔になりません。そして、お掃除の休憩中や終了後にサッと充電可能。急速充電で30分もあれば充電できます。ひとり暮らしの方などは必須アイテムです。

ミニマリスト必須アイテム
45 Must-Have Minimalist Items

自動お掃除ロボット

17/45

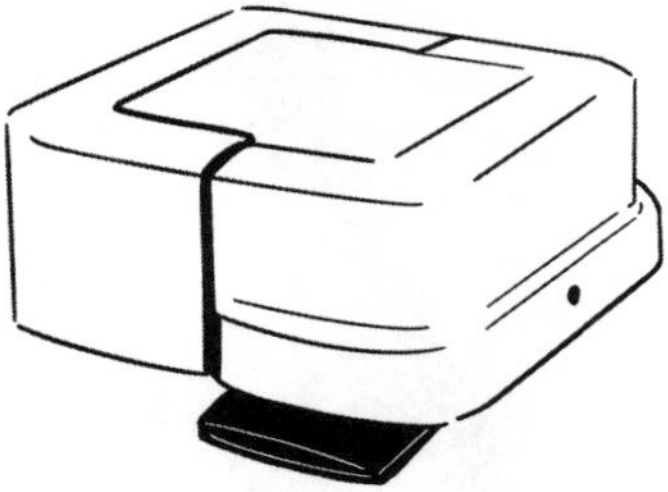

床にモノを置かないミニマリストだからこそオススメのグッズ。このアイテムを持てば、掃除の手間とストレスを手放せます。

とくにオススメなのが、ブラーバジェット。床の水拭きや乾拭きを行ってくれます。コンパクトサイズで部屋を隅々まで動き回る姿が可愛いと、人気のアイテムです。

お部屋にモノが多い人ほど、お掃除グッズが増えがち。ホコリや汚れの原因が増えてしまいます。

モノが減れば、ホコリや汚れも減る。そうすれば、このお掃除ロボット1台でお掃除を自動化するのも夢ではありません。余った時間で、あなたの好きなことや趣味の時間に充てることができれば、生活の充実度はますます高まるでしょう。

18/45

ミニマリスト必須アイテム
45 Must-Have Minimalist Items

三つ折りマットレス

三つ折りでコンパクトに畳めるマットレスは、畳むことで空間が広くなり、収納に困ることがなくなります。また、立てかけておくことで楽に湿気を飛ばすことができるので、普段のお手入れが簡単になるのでオススメです。

寝具には大きく3種類ありますが、ベッド・布団・マットレスのいずれかで寝ていると思います。ベッドは空間を狭くし、部屋の掃除もしにくくなるのであまりオススメはしません。

逆に布団やマットレスであれば、空間をより広く、掃除も楽にしてくれます。

お部屋をスッキリ、空間を広くしたい方であれば、多くのミニマリストが愛用する三つ折りマットレスを試してみてください。その使い勝手の良さに驚くでしょう。

ミニマリスト必須アイテム
45 Must-Have Minimalist Items

流せるトイレブラシ（スクラビングバブル）

19/45

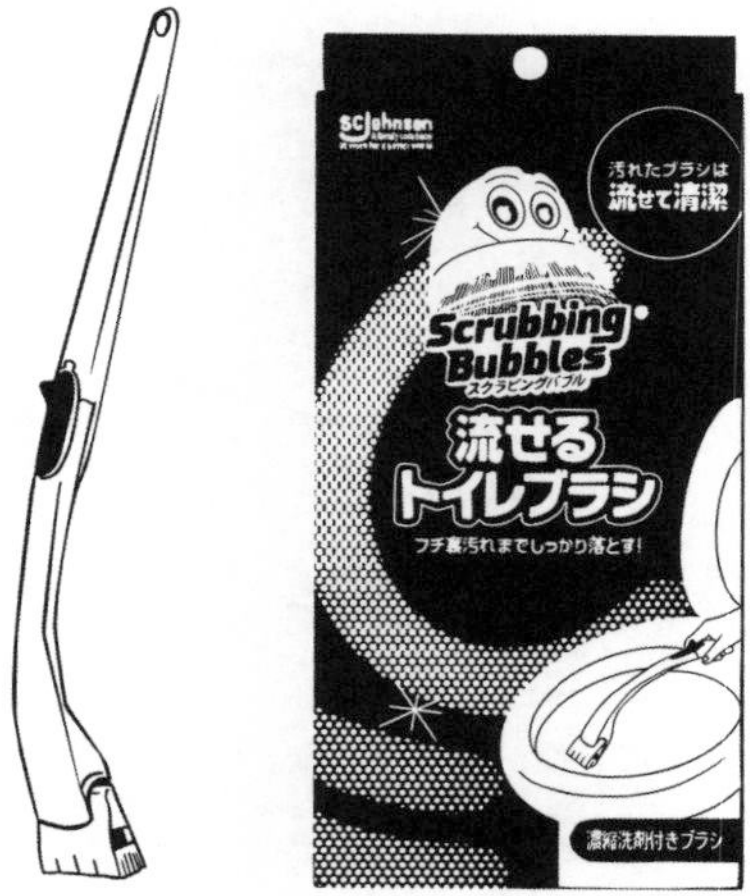

1回ごとの使い切りで、お掃除が終わったらそのままトイレに流せるトイレブラシ。いつでもトイレが清潔に保てます。ブラシはワンタッチで簡単に着脱できるので、手を汚さずにお掃除ができ、さらには濃縮洗剤つきのブラシなので、洗剤いらずでミニマル。多くの方々に支持されるトイレブラシです。

我が家でもこの流せるトイレブラシを愛用しています。通常のトイレブラシだと、掃除後のブラシの汚れや水滴が気になっていたので買い換えました。

現在使われているトイレブラシの汚れや臭いが気になる方、トイレを衛生的に保ちたい方、トイレ掃除を楽にしたい方にオススメです。

CMなどでお馴染みですが、使ったことのない方はぜひ。

20/45

ミニマリスト必須アイテム
45 Must-Have Minimalist Items

超強力トイレクリーナー（スクラビングバブル）

トイレブラシすらいらない、粘度の高いジェルタイプのトイレクリーナー。便器のフチ裏汚れにジェルをかけて2～3分置いたら、あとは水で流すだけの超簡単お掃除に。こすらずに汚れを落とすこのトイレクリーナーは、99・99％除菌で便器を清潔に保つので、持っておくと安心です。

フチ裏にかけやすいノズル式になっているので、ボトルを逆さにしても薬液を噴射できる。手にフィットする形の容器なので使い勝手も良し。

なんといっても掃除が楽になるのが最大のメリット。中腰でゴシゴシトイレ掃除をすることもなくなり、便器をのぞき込んで汚れている部分を探してこする必要もなくなります。

「楽をしたい」「時短したい」という方にオススメです。

ミニマリスト必須アイテム
45 Must-Have Minimalist Items

スマートロック

21/45

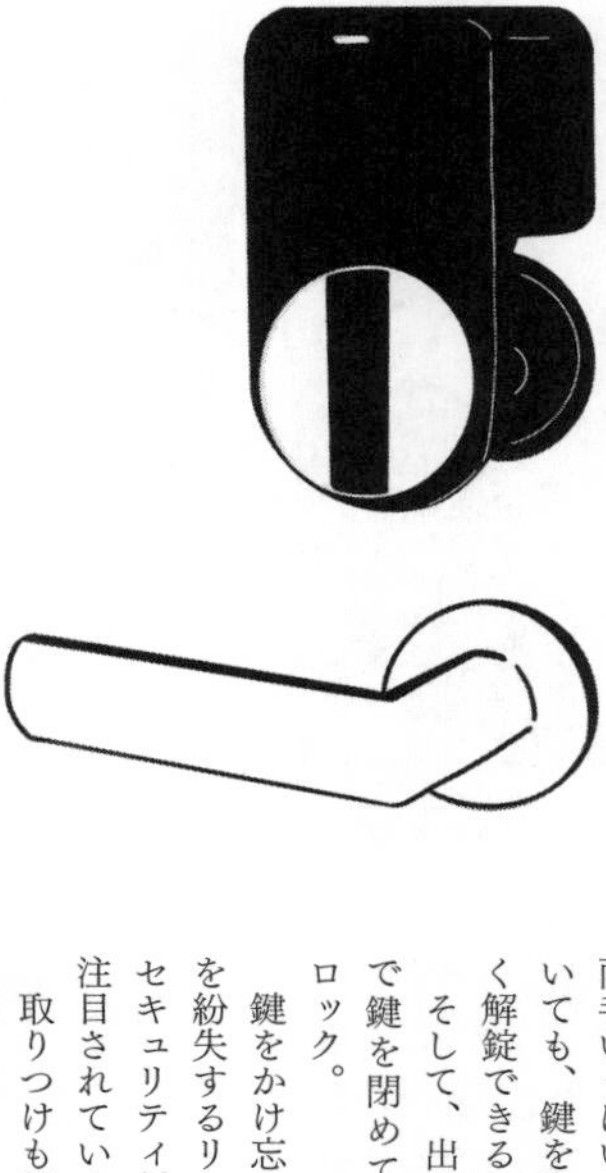

これからはキーレスの時代に!? 玄関にスマートロックを取りつけ、スマホで鍵を操作できます。

例えば、スマホをポケットや鞄に入れたままでも、ドアに近づくだけで鍵を解錠できます。つまり、買い物などで両手いっぱいに荷物を持っていても、鍵を取り出すことなく解錠できるのです。

そして、出かける際も自動で鍵を閉めてくれるオートロック。

鍵をかけ忘れる心配も、鍵を紛失するリスクもなくなり、セキュリティ対策の面からも注目されています。

取りつけも設定も簡単で実用性の高いアイテムなので、鍵をなくしやすい方や鍵をかけたかどうか心配性の方、忘れ物などが多い方などにはオススメです。

22/45

ミニマリスト必須アイテム
45 Must-Have Minimalist Items

全身シャンプー

これ1本で髪、体、顔の全身が洗えます。

つまり、ボディーソープやシャンプーをそれぞれ用意する必要がないので、買い物の手間やストックが増える心配もいりません。

お風呂場はモノが増えれば増えるほど、汚れや臭いの原因になります。極力お風呂場にモノを置きたくないので、必須アイテムです。

ミノンの全身シャンプー(泡タイプ)は、泡だての必要がないのでボディタオルなども必要なく素手で体を洗うことができます。肌にも優しい成分でできているので、小さいお子様や女性、肌が弱い方にオススメです。

我が家でもミノンの全身シャンプーを夫婦兼用で使っていますが、何ひとつ不便なことはありません。

ミニマリスト必須アイテム
45 Must-Have Minimalist Items

ワンガー（oneger）

23/45

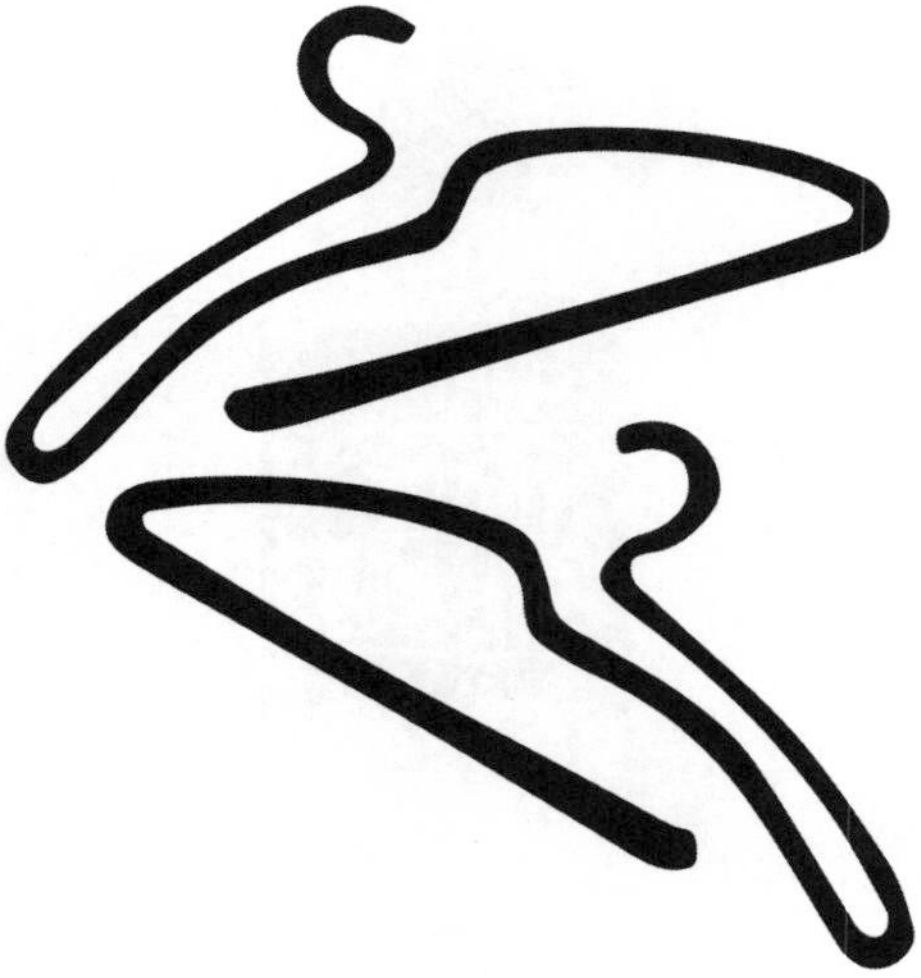

一筆書きで書いたようなシンプルなデザインのハンガー。このハンガーさえ持っていれば、パンツもジャケットもかけられます。

つまり、このハンガーで全て統一すれば、引き出しが必要なくなり、クローゼット下のスペースを新たに創り出すことができます。

また、通常のハンガーと違い、底面に隙間があるのでパンツがかけやすい構造になっています。パンツを取り出す際も、ハンガーに手を添えなくても片手で引っ張り出すことができるので生活が効率的に。

洋服が少ないミニマリストなら必須アイテムかもしれません。

洋服を畳む作業をなくし、空間を広々と使う理想の暮らしへと近づけてくれます。

24/45

ミニマリスト必須アイテム
45 Must-Have Minimalist Items

1週間洗わなくても臭わない衣類（SilverTech 2.0）

北欧生まれの会社が開発した新型衣類（Tシャツや下着、靴下など）は、抗菌防臭効果のある銀繊維を使用しているのでバクテリアの繁殖を抑制し、1週間ほど洗わなくても臭わず清潔に着用できるようです。

キレイ好きな日本人は、1週間洋服を洗わないのには抵抗があるかもしれませんが、1泊2日の旅行であれば問題ないかもしれませんね。

洗濯の頻度が減れば繊維が傷みにくく、洗濯に要する時間と手間とコストの節約にもなります。

洗濯が面倒だと感じている方や衣類を減らして身軽に暮らしたい方は、一度試してみるといいかもしれません。

また、長期旅行などでは、マストアイテムかもしれませんね。

ミニマリスト必須アイテム
45 Must-Have Minimalist Items

オーラリング(OURA)

25/45

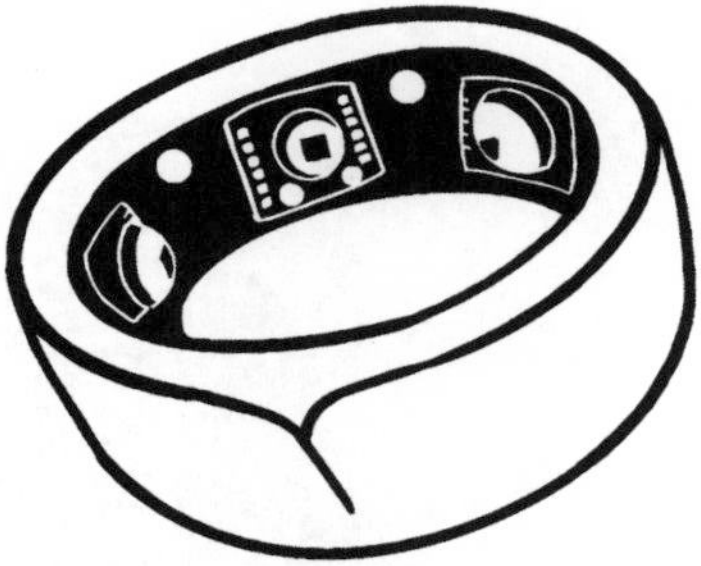

リング型の健康モニタリングガジェット。スマホアプリと接続することで、心拍数や体温、運動量のデータを確認することができるので、健康管理に役立てることができます。

とくに睡眠の質はかなりの精度で測定できることが、スタンフォード大学の研究でも証明されていることから、健康志向のミニマリストにはオススメです。

指輪型なので邪魔にならず、充電も毎日する必要もありません。1回の充電で1週間ほど使えます。

睡眠の質は、日中の活動に大きく左右することから、寝つきが悪い方、夜中に目を覚ます方、寝起きが悪い方には必須アイテムかも。

生活習慣を改善するキッカケとして使ってみては。

26/45

ミニマリスト必須アイテム
45 Must-Have Minimalist Items

薄い財布（アブラサス）

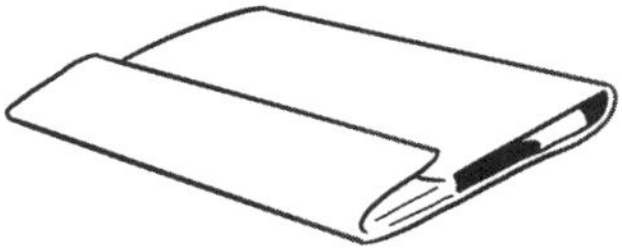

多くのミニマリストが愛用する使いやすさ抜群、アブラサスの薄い財布。非常にコンパクトでありながら、必要最低限の現金とカードを収納できる。また、鍵の収納もあるので、鍵をなくす心配もいりません。

目を引くのは、究極の薄さ。未収納時の厚みはなんと7㎜。ハッとするほど薄いのに、しっかり入る充実感があります。カードは約5枚、小銭は999円（最大15枚）入る特別なつくりになってます。

日常使いの財布はストレスになっている方もいらっしゃると思います。

必要十分な現金を持ち歩き、ポケットやカバンにもスッポリ入るコンパクトなお財布は、身軽な状態でお出かけしたいミニマリストにとって必見のアイテムです。

ミニマリスト必須アイテム
45 Must-Have Minimalist Items

ポップインアラジン（popIn Aladdin）

27/45

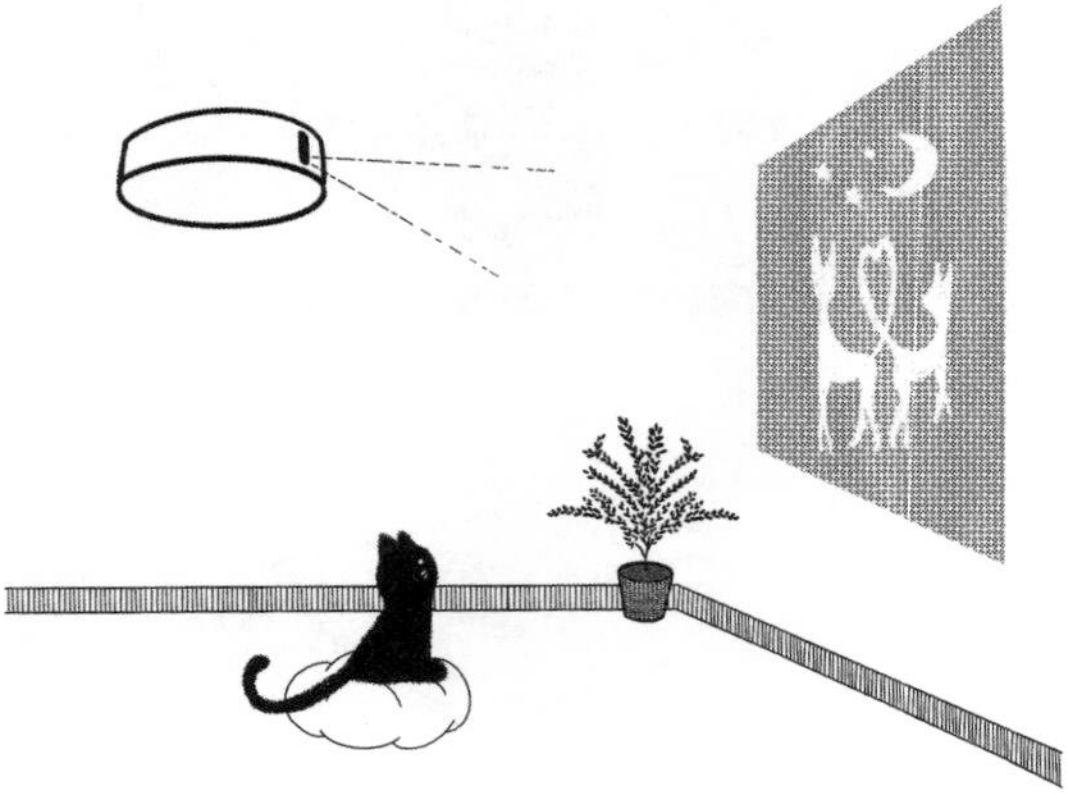

プロジェクター内蔵のシーリングライトで、壁に映像を投影して映像を楽しむことができます。スクリーン不要で、高画質の映像を大画面で投影。コードレスでゴチャゴチャしがちなケーブル配線に悩むこともなく、天井に埋め込めます。

YouTubeや、Amazon Prime、Hulu、Abema、Netflixや地上波、録画番組も見られます。

さらには、お部屋の雰囲気や気分に合わせて、時計や風景、写真、ヒーリングライトなども投影できます。LED照明としても優秀で、調光・調色は1万通り。

所有感を感じさせない天井埋め込み型のプロジェクターはかなりオススメです！

在宅ワークも全盛の今、大きなスクリーンで仕事も趣味も同時に楽しみましょう。

28/45

ミニマリスト必須アイテム
45 Must-Have Minimalist Items

Apple Watch（Apple）

普通の時計を持つなら、高機能な腕時計を。Bluetoothまたは Wi-Fi経由でiPhoneに接続されると、テキストメッセージを送受信できたり、電話に出たり、通知を受けることができます。

また、アクティビティという機能を使えば1日の運動量がわかったり、1時間以上座っていると「スタンドの時間だよ！」と促して血行が悪くなるのを防いでくれます。毎日自分の健康と向き合える腕時計です。

さらに支払いも瞬時にキャッシュレス。朝のコーヒーを買う時も、Suicaで電車に乗る時も、Apple Payなら瞬時に支払えます。

他にも道案内やiPhoneカメラの遠隔操作、アップルミュージックなども使えます！

ミニマリスト必須アイテム
45 Must-Have Minimalist Items

ジェットウォッシャードルツ（パナソニック）

29/45

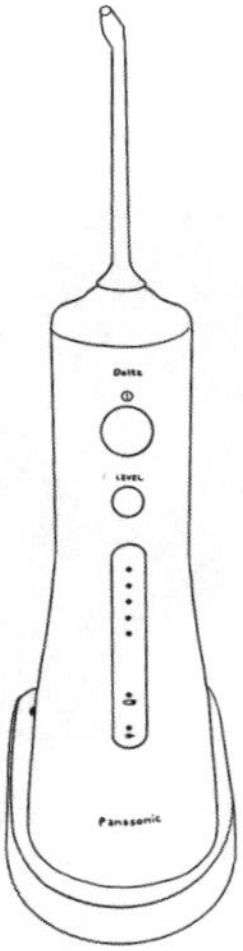

強い水流を当てて歯ブラシでは取れない歯間、歯周ポケットの汚れを洗い流す。歯医者でクリーニングしてもらった後のように、口の中がスッキリします。

5段階で水流の強さを調整することが可能。レベル1から少しずつ水流を強くしていくと、人によっては歯茎から出血することも。でもそれは自然な反応。数日繰り返せば出血はなくなり、歯茎の血色も良くなっていきます。

歯並びが悪い方や口臭で悩んでいる方だけではなく、歯周病の予防、歯と歯茎の健康のためにオススメアイテムです。

歯は大事な資産。歯周病や虫歯など、歯を大事にしないと治療費などでお金が出ていく生活に。未然に防ぐためにも歯とお口のケアは若いうちからしておきましょう。

30/45

ミニマリスト必須アイテム
45 Must-Have Minimalist Items

ヘアドライヤー（ダイソン）

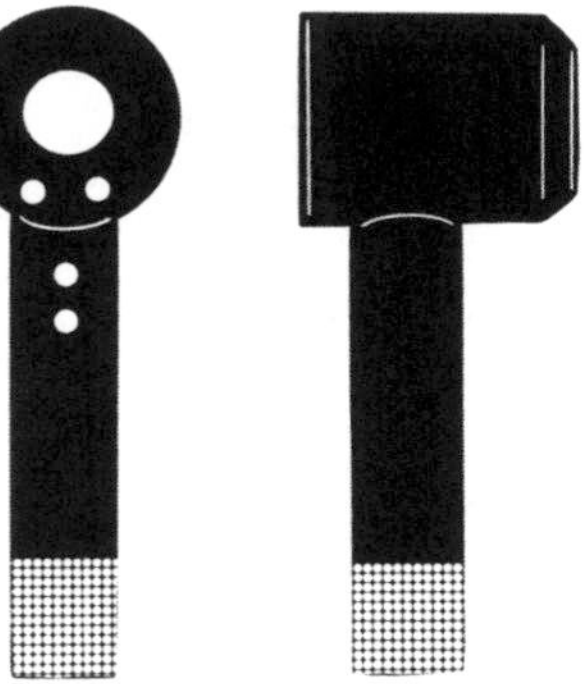

パワフルな風量で髪を素早く乾かしてくれるドライヤー。乾かす時間がいつもの半分になるとの声も。時間を有効的に使いたいミニマリストは必見。

ダイソンと言えば掃除機のイメージですが、こういった小型家電もいいです。

時間は最大の資産であることは言うまでもなく、髪を乾かすという単純作業を効率化できれば浮いた時間で好きなことができる。そういう無駄を削り、「好き」を最大化するのがミニマリズムの本質。髪の長い女性にはオススメのアイテムです。

デザインも、羽がなくシンプルでミニマル。また、髪を過度な熱で乾かすわけではないので、髪のダメージを防ぎ、髪本来のツヤを守ってくれるのです。

小型急速充電器（Anker）

31/45

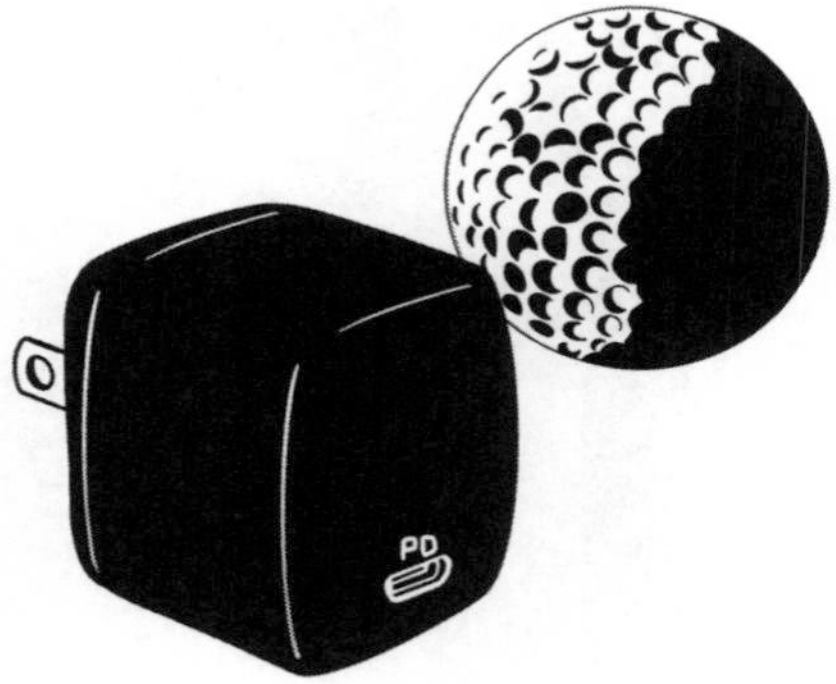

ゴルフボールほどの大きさのコンパクトな急速充電器。一般的なノートPC付属の純正充電器と比べておよそ40％も小型なデザインなので、大きさを気にすることなく持ち運びできます。

アップル製品だけではなく、ほぼ全てのUSB－C対応機器へフルスピードで充電可能。iPhoneなどの最新スマホはわずか30分で最大50％まで充電できる。荷物をできるだけコンパクトに、そして時間の効率化をしたいミニマリストに人気の充電器。

モバイルバッテリーを持ち歩くほどでもないが、職場や出先で充電したい場合は、コンパクトなこちらの充電器がオススメです。

充電器は45アイテム中3アイテムも取り上げられていることから、セレクト必至です。

32/45

ミニマリスト必須アイテム
45 Must-Have Minimalist Items

ソネングラス（SONNENGLAS）

女性ミニマリストに人気のソネングラス。柔らかく暖かな灯りがふわりと辺りを美しく照らします。読書にも十分な灯りです。

日中は蓋についた太陽光パネルで太陽のエネルギーを蓄えれば、24時間以上にわたってソフトで明るい光が灯されます。ベッドライトやインテリア、キャンプ、防災グッズとしても使えます。

ソネングラスに貝殻や砂、ドライフラワー、小石など、好きなもの入れて自分だけのインテリアに。ランプの中の世界観を楽しめます。部屋をオシャレにしたい、リラックスできる空間にしたいミニマリストにオススメのアイテムです。

モノを減らすだけでなく、生活に彩りをもたらすアイテムを取り入れてみましょう。

ミニマリスト必須アイテム
45 Must-Have Minimalist Items

吊せる収納（無印良品）

33/45

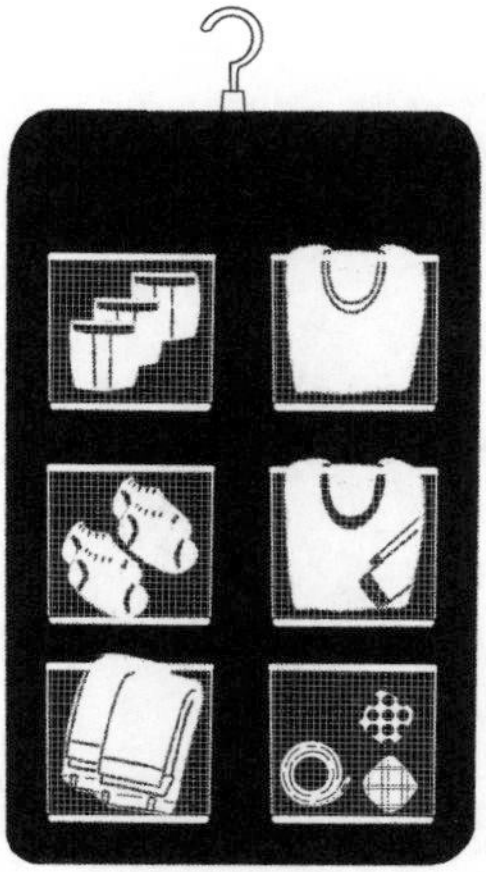

様々なモノを吊るして収納することで、スペースを有効活用することができます。フックがついているので、吊るす場所も選びません。男女関係なく、多くのミニマリストが愛用しています。

我が家では、6つのポケットにパンツや肌着、靴下、冬のインナーを分類して収納してます。

わざわざ収納ボックスに畳んで入れるよりも、クルッと丸めて入れられるので手間も省けています。

そして最大のメリットは、収納ダンスを手放せること。男性であればとくに、肌着や靴下、下着を収納ボックスにしまうのはもう終わりにしましょう。

数を減らし、吊るす収納にすれば生活がよりシンプルになります。

ミニマリスト必須アイテム
45 Must-Have Minimalist Items

34/45 フライパンジュウ&ハンドルセット（TEN×藤田金属）

お皿にもなる２ＷＡＹのフライパン。

最大の特徴は、簡単に取り外しできるスライド式の取手で、調理後にそのままお皿として使用できる。洗い物が減るのも魅力的。お皿としてそのまま食卓に出しても違和感がないシンプルなデザインで、ＩＨにも対応。オーブンやキャンプなどのアウトドアでの調理も可能。

焦げにくく、サビにくいので、お手入れも簡単。

食べ終わった後は、洗剤を使わずに水とたわしでこするだけでＯＫとのこと。

後片づけも簡単で節約になりそうですね。

「つくる、食べる、洗う」の全てが効率良くなるフライパンは、ひとり暮らしのミニマリストで自炊されている方にはオススメです。

ミニマリスト必須アイテム
45 Must-Have Minimalist Items

ヨガマット

35/45

通常ヨガマットはヨガやエクササイズをする時に使うと思いますが、ミニマリストはちょっと変わった使い方をする方がいます。それは、寝具としての使い方です。

ミニマリストの中にはごく稀に、床で寝る人や寝袋で寝る人がいます。

しかし、そのまま寝ると体が痛くて寝られない人も多く、ヨガマットを敷いて寝ているようです。

ヨガマットで寝るメリットは、手軽であること、スペースが広くなること、お金がかからないこと。

そして肌トラブルが改善した例もあります。

汚部屋を片づけた際に、布団もベットも手放して「ヨガマットで寝ます!」という強者もいましたが、意外といけるようです。

36/45

ミニマリスト必須アイテム
45 Must-Have Minimalist Items

Kindle（Amazon）

ミニマリストの多くは電子書籍。紙の本は持ち運びが不便ですし、保管も大変です。さらには本を購入したり売るのも手間だったりします。

Kindleであれば、スマホでいつでもどこでも読書できる上に、保管スペースも必要としません。紙をめくるよりも、指でサッとスライドするだけでページがめくれるので読書効率も上がります。

購入もAmazonでボタンひとつ。購入してすぐに読むことができますし、本はデータとして残るので売る必要もなく、いつでも振り返ることが可能になります。

僕の一番のお気に入りは、Kindleの「マイノート機能」。マーカーを引いた部分の文章の一覧がサッと見れるので、重要な部分を数分で復習することが可能になりました

ミニマリスト必須アイテム
45 Must-Have Minimalist Items

すりガラスシート

37/45

窓ガラスにすりガラスシートを貼りつけることで、室内の明るさを保ちつつ室内が見えにくくなります。カーテンを手放し、かつ防犯やプライバシーを確保したい方にオススメ。

カーテンを手放すメリットは5つ。

1つ目は、日中のお部屋が明るくなること。

2つ目は、太陽の光で朝の目覚めが良くなること。朝が弱い方はカーテンを取り除くメリットは大きい。

3つ目は、ホコリが減って掃除が楽になること。

4つ目は、ホコリやダニが減り、肌トラブルが解消すること。

5つ目は、引っ越しごとにカーテンを買う手間がなくなり、さらには洗う手間もなくなること。

38/45

ミニマリスト必須アイテム
45 Must-Have Minimalist Items

ケーブルボックス

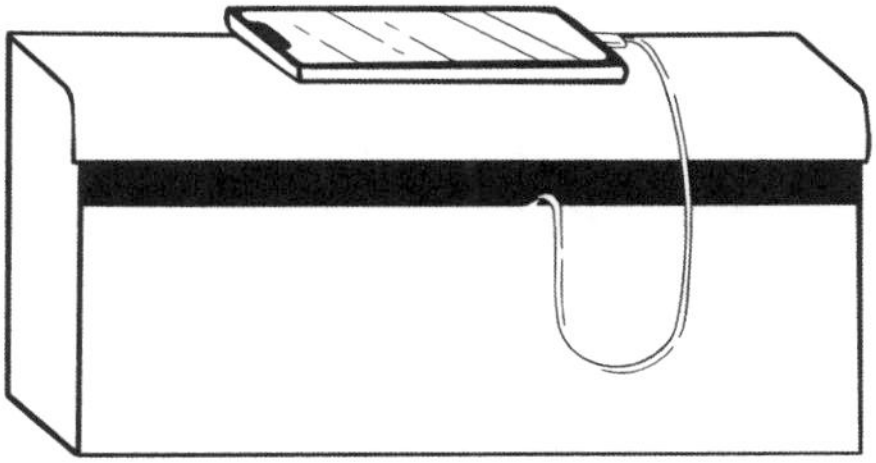

これ1つでゴチャゴチャしたコードや配線をキレイにまとめることができます。テレビ後ろの配線やベッドサイドのゴチャゴチャ、作業スペースの配線が気になる方はオススメのアイテムです。

コードの配線を丸ごと収納すれば一瞬で生活感がなくなり、お部屋や作業スペースがスッキリします。

ケーブルを全て収納することで、ホコリよけにもなり掃除が楽にもなります。また、ケーブルを出す穴もあるので、スマホなどの電子機器が充電もしやすいのも魅力的。

目線からゴチャゴチャがなくなるだけで心が落ち着きますよね。

お部屋から生活感をなくし、作業スペースをスッキリ保ちたい、キレイ好きの方はぜひお試しください。

MINIM＋AID（杉田エース）

39/45

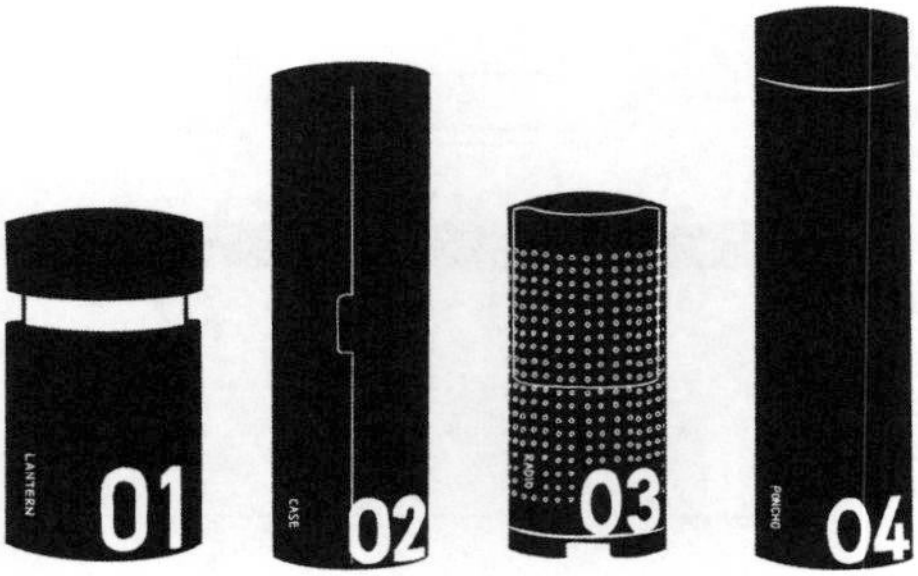

最小限の防災グッズを1本の筒に。すぐに取り出して使えることを考えたこの防災グッズは、災害が起きてから避難所へ行くまでの道のりで命を守る、必要最低限のアイテムを収めた防災セット。

従来の防災セットに比べて断然コンパクトでスリムなので、いざという時に持ち運びもすごく楽になる。取り外し可能なベルトがついており、肩にかけることで両手もあきます。

蓋の裏にはホイッスルがついており、中には避難時に必要な光（ランタン）、眼鏡や常備薬などを入れられるケース、ラジオ、防寒用のポンチョが入っています。

もし防災グッズを常備されていないなら、玄関などのデッドスペースに置いておけば、ひとまず安心です。

40/45

ミニマリスト必須アイテム
45 Must-Have Minimalist Items

サーキュレーター

お部屋の空気の循環や、新鮮な外気を取り込むのにぴったりなアイテム。

夏はエアコン、冬は暖房機と併用することで、1年中快適な空間を創り出すことができます。

とくに梅雨の時期は洗濯物が乾きにくく、洗濯乾燥用として愛用しているミニマリストも多い。360度、上下左右に首振りできるので、洗濯物の乾く速さは数倍にもなるとも言われています。

さらに、音も静かなので寝室や赤ちゃんのいるご家庭でも安心して使えますし、勉強や作業する時もそこまで気になりません。

見た目もシンプルでコンパクト。

扇風機を買う前に、まずはサーキュレーターを検討してみてはいかがでしょうか。

ミニマリスト必須アイテム
45 Must-Have Minimalist Items

歯ブラシスタンド（無印良品）

41/45

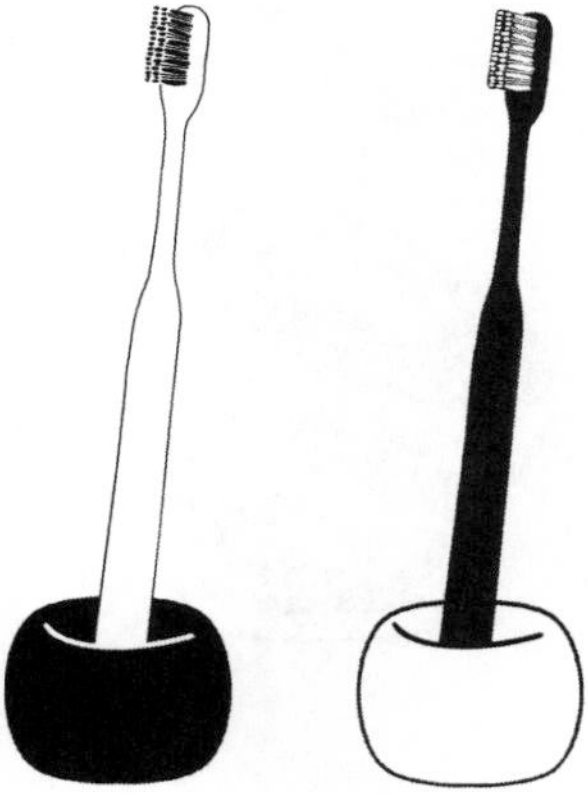

狭い洗面台回りでも、空間をシンプルに見せる無印良品の歯ブラシスタンド。最小限の大きさなので、場所をとりません。

デザインもシンプルで可愛らしく、手触りがなめらかで多くのミニマリストが愛用。底に穴が開いているので通気性も良く、水洗いもしやすいので歯ブラシスタンドを清潔に保つことができるのが人気のポイント。

カラーバリエーションも豊富なので、家族で色分けするのもオススメ。色違いで並べると、インテリアとしても楽しめます。

歯ブラシだけではなく、ヘアピンやボールペン、料理中に置き場所が困る菜箸など、自立できないけど立てておくと便利なモノを収納するのにも使えます。

ミニマリスト必須アイテム
45 Must-Have Minimalist Items

42/45 カード収納つきスマホスタンド（MOFT）

クラウドファンディングで1万7000人の支援を集めた話題のスマートフォンスタンド。裏面の粘着シートでスマホケースなどにつけて使用。

特徴は4つ。1つ目は、厚さ約3ミリの極薄スタンド。ポケットに入れてもかさばりません。

2つ目は、人間工学の観点から最も見やすい縦60度、横65度にスマホを固定できる。動画やSNSも見やすいスタンドです。

3つ目は、3枚までカードが収納できます。免許証やクレジットカードなどを収納し、キャッシュレス生活を送るミニマリストにもオススメ。

4つ目は、磁石を内蔵しているので、付属の磁石シートを併用すればキッチンや車内、お風呂場などの様々な場所にスマホを設置できます。

LED持ち運びができるあかり（無印良品）

43/45

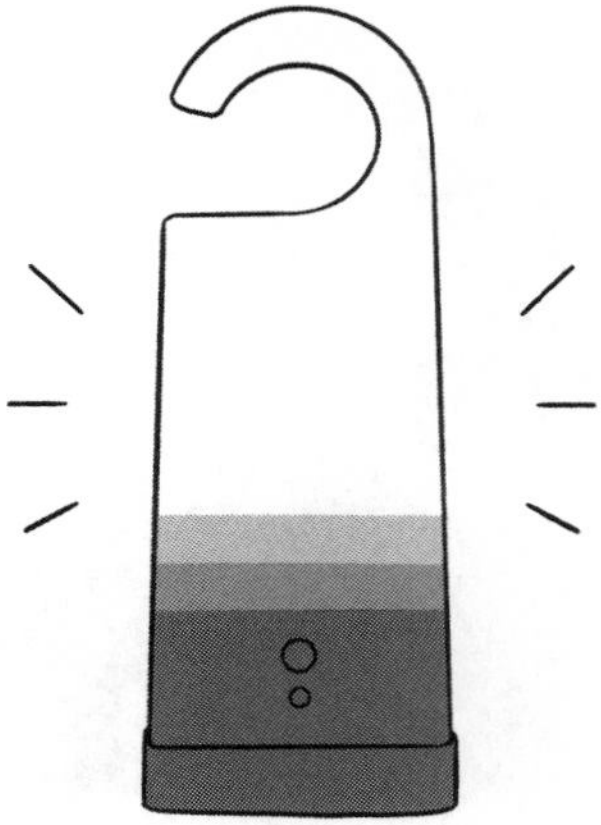

書斎に持ち込んだり、部屋の隅などで間接照明として使えます。灯りはソフトで優しく、しっかり照らしてくれるので、寝室やベッドサイドにピッタリです。色は白色灯に近い灯です。

また、持ち手がハンガー形状なので、様々な場所に引っ掛けることも可能。

充電式で、充電時間は約6時間。連続点灯時間（満充電時）は、High約3時間、Low約10時間なので、災害や停電時にあると安心できるかもしれませんね。

小さなお子さんがいるご家庭にもオススメ。子どもが真っ暗だと寝れない時にも役立ちますし、子どもが寝た後の作業用としても使える用途性の広さが魅力です。

持ち運びできるメリットは使い方で無限大です。

44
45

ミニマリスト必須アイテム
45 Must-Have Minimalist Items

収納スツール

「座る」と「しまう」の二役の収納スツールです。小物等を収納でき、椅子としてだけでなくソファーと組み合わせれば足おきとしても使える万能なスツール。

コンパクトでスタイリッシュなので、インテリアとしてもオシャレ。

また、重さにもある程度耐えられるので、高い場所のモノを取り出す時などに、踏み台としても使用できます。

さらに、使わない時は折り畳むことができるので場所も取りません。できるだけモノを減らしたいミニマリストにはオススメのアイテム。

季節の変わり目の衣替え衣類の収納、日用品のストック収納、小さなお子様がいるご家庭ではおもちゃ箱としても使えます。お部屋がスッキリすること間違いなしです。

ミニマリスト必須アイテム
45 Must-Have Minimalist Items

吊るして使える洗面用具ケース（無印良品）

45／45

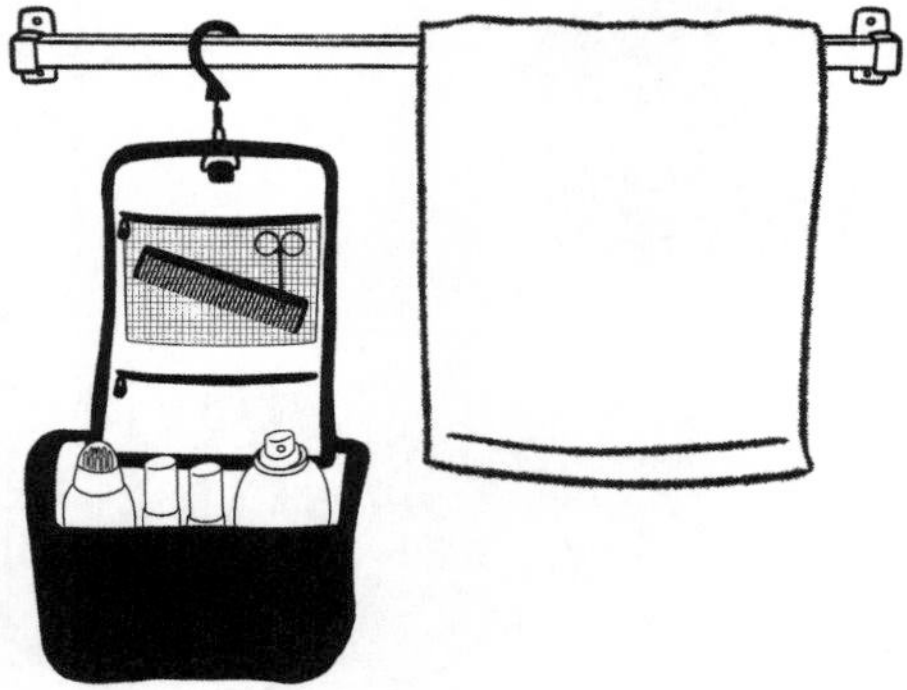

ケースの内側にフックがついているので、ケースを広げればバスルームのフックなどに吊るして使えます。通常の化粧水ボトルも入ります。

シェーバーや化粧水、エチケットカッター、コンタクトレンズなど、お風呂場や洗面所回りで使うモノを収納すれば、必要なモノがパッと手に取り出しやすく生活の効率が上がるかもしれません。ぶら下げて使えるので、汚れる心配もないのが魅力的。

また、旅行に行く時はチャックを閉めれば、そのままトラベルポーチにもなります。充電器やクレンジング、洗顔料、お化粧品など、必要な身の回りのモノが全て入ります。旅行時にいつもバラバラのポーチや巾着を持ち歩いてストレスだった方にはオススメです。

エピローグ　不必要なモノを整理し、幸せなモノと出会う

あなたはなぜ、モノを買うのでしょうか。物心ついた頃から現在に至るまで、数多くのモノを買ってきたと思います。きっと、「幸せになるため」と答える人が多いでしょう。たしかにそうかもしれません。モノを買うことで、喜びを感じ、生活がよくなることもあります。

しかしその反面、モノを買うことで幸せから遠ざかるケースがあるのも確かです。モノを買い続ける生活は大事なお金を失い、そのモノのために働く。貴重な時間を仕事に費やし、家族や恋人、友人との関係が疎遠になっていく。家庭によっては共働きをして、毎日忙しく過ごす。

つまり、**モノの多さで人生の幸せは計れないのです。**モノを買えば、幸せになるのではありません。モノが空間をつくり、空間が人をつくります。そして、モノは

行動を変え、行動が習慣となり、習慣がその人の生き方、つまり人生になるのです。モノはあくまでも小道具に過ぎません。

今後、消費社会はますます加速していきます。僕たちが「不幸である」ことを植えつけ、消費者にいろんなモノを買わせようとしてくるのです。

「こんなことで悩んでいませんか？」
「うちの商品なら、その悩みを解決できます」

でも、本当にあなたは不幸で、その悩みは解決しなければならないことでしょうか。その悩みを解決できないと、ずっと不幸なのでしょうか。

戦争もない、食事も好きな時に好きなだけ食べられる世界。家もある。屋根もある。布団もテレビもあり、ライフラインも整っている。スマホという便利な電子機器で世界中の人と繋がることができる。家族や友人たちと、いつでもどこでもコミュニケーションできる。不幸な理由は、どこにも見当たりません。

ですが、消費者が不幸じゃないとお店は儲からないのです。そして、割引きやポイントを駆使して、僕たち消費者にもっとモノを買わせようとしてくる。消費者は、たくさんのお金を支払い、たくさん働き、もっと悩む。お金がない。時間がない。夫婦仲が悪い。旅行に行けない。仕事が忙しい。部屋が汚い、と。

今、この時代を生きている僕たちは、本当は幸せなはずです。しかし、モノを所有すればするほど、実は失うものは多い。

でも、僕が伝えたいことは、決して「モノを買うな」ということではありません。本当に、僕たちの生活をよりよくし、幸せにしてくれるモノがあることは確かです。そのモノを見極めていきましょう、と言いたいのです。

我々には、仕事もあり、貯金もある。旅行にも行ける。家族も友人もいる。生活に必要なモノは、もうすでに揃っている。美味しいご飯もいつでも食べられる。

大事なことは、**モノを買うことでも所有することでもなく、そのモノを使って誰と何をして楽しみたいかということです。**ただモノを所有することに、意味なんてありません。所有することは人生の重荷になり、どんな重荷を背負うかは自分で決めなければいけません。何を捨て、何を持つか。そしてどう行動するか。何に時間を費やすか。あなたの選択によって「人生」が変わるのです。

ただ仕事をしてお金を稼ぐのではなく、仕事自体を楽しむことに時間とお金を使う。誰を幸せにしたいか。誰と何をして、仕事を楽しみたいか。そのために、どんなモノを持てば効率的に多くの人を幸せにできるのか、自分たちの仕事が楽しくなるのかを考えてほしいのです。

たくさんの荷物を持って旅行に行くのではなく、旅先で多くの経験を得るために、必要最低限の持ち物だけを持って行く。多くのモノを持たないからこそ、モノにこだわる。持たないことで、得られる気づきや学びもある。日常のありがたみに気づくこともある。

家族や友人との楽しい時間を過ごすために、たくさん働いてお金を稼ぐのではなく、時間をつくる。消費を減らし、モノを減らし、そして時間を生むモノ、仕事の生産性を上げてくれるモノを買えば収入も増え、もっと家族と楽しい時間を過ごせるようになるでしょう。

実際に生活で使うものは、さほど多くはありません。ミニマリストじゃなくても、本当に生活で使っているモノは数百個でしょう。あなたが「幸せになる」と思って買ったモノのほとんどは、収納の奥底に追いやられ、存在を忘れられ、なんの役にも立っていないガラクタになっています。

僕は所有物を一度ゼロにし、本当に自分に必要なモノを見極めることができました。最低限の服と靴。快適な睡眠を促す寝具。美味しいご飯を食べるための調理器具。衛生面を保つモノと身だしなみを整える日用品。そして効率的にお金を稼ぐためのハイスペックな仕事道具。そして心を豊かにするための小物が数点あれば十分です。それ以外に必要としない。

だからこそ僕は、昔と比べて多くの時間もお金も手にすることができました。今では、多くの著名人やインフルエンサー、尊敬する方々に毎日のように会える。旅行や無人島生活をしたり、非日常を味わうこともできる。日々勉強して、毎日自分の成長を楽しむことができる。家族の笑顔も見ることができる。モノを持たない暮らしが、僕の人生を豊かにしているのです。

しかし当然ながら、そんな僕にも悩みや不安はあります。でも、無駄なことに時間とお金を使わないからこそ、その悩みや不安も大きくならずにすぐ解決できてしまうのです。**モノに縛られることなく、モノにこだわる生活は、僕たちに多くの恩恵をもたらしてくれます。**

ぜひ、この本で紹介したアイテムの中に、取り入れたいモノがあれば実際に買って試していただけたらと思います。くれぐれも買って満足するのではなく、そのモノを使って人生を最大限楽しんでください。

２０２０年10月吉日

著者より

MINIMALISM まとめ

01 グリーンで住環境を整える
02 短時間で集中したい仕事は立ちながら行う
03 仕事道具に投資しよう
04 リュックがあれば、どこへでも行ける
05 ノイキャン・コードレスで、ストレスフリー
06 仕事の源を見直す
07 普段使いだから、楽なものを
08 スマホ画面もミニマリズムを
09 洗濯という重労働から解放される
10 モバイル製品にはこだわりを
11 置かない・かけない・敷かない
12 「白・木・緑 入れる」3カ条
13 玄関をスッキリと爽やかに
14 キッチンはライフスタイルそのもの
15 トイレの神様を呼ぶために
16 水回りはこまめな整理・掃除を
17 リビングは癒しの空間に
18 クローゼットは今の自分が表現されている
19 人は50個のモノがあれば生きられる
20 整理しない、整理術が理想
21 収納を基準に考えない
22 「もったいない」から脱却し、まずは「手放す」
23 捨てるが吉
24 モノには物理的配置が存在する
25 モノは喜んでくれているでしょうか？
26 ミニマリズムとはモノへのこだわりでもある
27 現金主義からの脱却
28 財布も身軽に
29 ポイントの誘惑を捨てる
30 家計簿からライフスタイルを見直す
31 世間の常識は非常識として捉えてみる
32 「安い」「お得」は本質ではない
33 あなたの人生の目標はなんですか？
34 あなたが選ぶモノ、一つひとつに人生の哲学がある

【著者プロフィール】

ミニマリストTakeru（みにまりすと・たけるる）

ミニマリスト・YouTuber

登録者7万人超、月間200万PVのYouTubeチャンネルを運営。Twitterのフォロワーは1.7万人。SNSでミニマリズムの魅力を広める活動を行なっている。13年間、潰瘍性大腸炎という難病を患っており、病気と闘いながら生活をしている。1年間、自宅療養で無職・無収入の状態が続き、ミニマリズムと出会う。人生の転機となったのは「ミニマリスト」になってから。3000個以上のモノを手放し、月10万円で質素に小さく暮らせるようになった。モノを手放したことで、自分の人生について深く考えるようになった。本当の幸せとは何かを模索し、「少ないことが、より豊かなこと」だと気づく。現在は、YouTube活動のみならず、全国各地のミニマリストを取材したり、ミニマリストオフ会を開催している。著書に『月10万円で より豊かに暮らす ミニマリスト生活』（クロスメディア・パブリッシング）がある。

月《つき》10万円《まんえん》で より豊《ゆた》かに暮《く》らす

ミニマリスト整理術《せいりじゅつ》

2020年11月21日　初版発行

2020年12月21日　第2刷発行

発行　**株式会社クロスメディア・パブリッシング**

発行者　小早川 幸一郎

〒151-0051　東京都渋谷区千駄ヶ谷4-20-3 東栄神宮外苑ビル

https://www.cm-publishing.co.jp

■本の内容に関するお問い合わせ先 ……………………… TEL (03)5413-3140 ／ FAX (03)5413-3141

発売　**株式会社インプレス**

〒101-0051　東京都千代田区神田神保町一丁目105番地

■乱丁本・落丁本などのお問い合わせ先 ……………… TEL (03)6837-5016 ／ FAX (03)6837-5023

service@impress.co.jp

（受付時間　10:00～12:00、13:00～17:00　土日・祝日を除く）

※古書店で購入されたものについてはお取り替えできません

■書店／販売店のご注文窓口

株式会社インプレス　受注センター ………………………… TEL (048)449-8040 ／ FAX (048)449-8041

株式会社インプレス　出版営業部…………………………………………… TEL (03)6837-4635

ブックデザイン　金澤浩二

装画・イラスト　八鳥ねこ（konoha）

印刷・製本　中央精版印刷株式会社

DTP　荒好見

校正・校閲　konoha

ISBN 978-4-295-40481-1 C0030